이토록 재미있는 수업이라면

경험디자이너 엄마가 만난 살아 있는 수업의 현장들

이토록 재미있는 수업이라면

임지선 지음

생각속의집

수업은
아이들의 살아 있는
놀이터다.

프롤로그

다시, 살아 있는
수업의 현장으로

경험서비스 디자이너인 나에게 관찰은 오랜 직업병이자 습관이다. 출근길 아침이라고 다를 바 없다. 바지런히 등교하는 아이들 곁을 스쳐 지나간다. 아이들 표정과 몸짓을 살핀다. 이런 풍경이라면 대부분 생기 가득 머금고 종종걸음으로 친구들과 왁자지껄 수다를 떨면서 미소 짓는 모습을 떠올릴 것이다. 실제로 그런 풍경이 많았다. 하지만 언제부터인가 이런 풍경이 차츰 드물어지고 있다. 무엇보다 아이들의 생기가 느껴지지 않는 경우가 많아졌다. 가볍게 둘러매는 것 같았던 가방도 무거운 짐짝처럼 보인다. 표정이 무겁고 어두워졌고, 슬프기도 하고 쓸쓸해 보인다. 그렇게 아이들 곁을 걷다보면 서늘한 찬바람이 불어오는 것 같다.

물론 내 느낌에 지나지 않을 수 있다. 하지만 고단한 얼굴로 어깨에 목 베개를 얹고 가는 아이들을 볼라치면, 내 느낌이 지독하게 현실인 것 같아서 마음이 무거워질 때가 있다. 학교 가는 길이 이렇게나 힘들면, 저 아이에게는 어떤 낙이 있는 걸까. 마음고생이 얼마나 심하기에 저렇게 세상 고단한 얼굴일까. 그 많던 흥과 끼는 어디로 사라졌을까. 나도 저렇게 학교 가는 길이 힘든 적이 있었던가. 나를 포함하여 어른들은 이 아이들을 제대로 키우고 있는 것일까. 많은 생각이 교차한다. 모든 아이에게 학교는 제각각의 의미를 지니고 있겠지만, 학교는 단순하게 학업과 내신 성적만을 위한 공간이 아니다. 어쩌면 집과 함께 아이들에게는 모든 것이 학교에 있다. 예나 지금이나 마찬가지로 많은 학생들에게 집과 학교는 세상의 전부다. 그렇다면 집에서 학교에서 아이들은 얼마나 행복할까?

생기를 잃어가는 수업의 현장들

코로나19 팬데믹으로 학교가 교문을 닫았다가 최근 다시 열었다. 교문이 닫혀 있는 동안 생기와 에너지가 회복될까 싶었지만, 아니었다. 학교가 문을 닫아도 교육 현실은 이전과 달라지지 않았다. 아니, 더 나빠졌는지도 모르겠다. 코로나19로 학력 격차가 더 커졌다는 조사 결과가 여기저기서 나왔다. 교육부,[01] 교육청 등을 비롯하여 일선 교육 현장에서도 우려를 표하는 목소리가 솟구쳤다. 코로나19는 학습 결손

---

01   교육부, 2021. 6. 2., <2020년 국가수준 학업성취도 평가 결과 및 학습 지원 강화를 위한 대응 전략 발표>

으로 인한 학업 성취도뿐 아니라 심리사회적 발달에도 악영향을 미쳤다. 특히 팬데믹 장기화는 아동청소년에게 불안과 걱정, 짜증, 우울, 두려움 등의 부정적인 감정을 기본 정서로 이식했다는 한국청소년상담복지개발원의 조사도 있었다.[02] 이렇게 우리 아이들의 정신건강이 악화하는 상황에서도 입시 시계는 멈추지 않고 돌아간다. 문제는 심리방역에 온힘을 기울여도 부족할 판국에 우리사회, 학교, 가정은 우왕좌왕하면서 우리 아이들을 여전히 입시로만 내몰고 있다. 가정에서 제 역할을 다하지 못한 탓도 크다. 이은주 국회의원실이 교육부 보고서를 종합한 자료에 따르면, 2020년 초중고생 147명이 스스로 생을 마감했다. 최근 10년 내 가장 높은 수치였다.[03] 코로나19로 인한 스마트폰 과의존, 우울 및 고립감 등 정신건강 악화가 주요 원인으로 지목되었다.

하지만 나는 단순히 코로나19로 인한 정신건강 악화에만 화살을 돌릴 건 아니라고 생각한다. 사실 코로나19보다 더 무서운 것은 입시라는 괴물이다. 코로나19가 기승을 부리는 와중에도 입시는 아이들을 움켜쥐면서 삶을 좀먹고 있다. '입시지옥'이라는 상투적인 용어가 무감각해질 정도로 입시를 최우선에 두고 성적을 채근하는 여전한 교육 현실이 문제이고 걱정이다. 코로나19가 각자도생 교육열을 부추기고 있다는 점도 우려를 덧붙인다. 경제력을 가진 계층은 학원과 과외 등 사교육에 더욱 골몰하면서 학교(공교육)를 불필요하게 여긴다.[04] 자녀

---

02   전준우 기자, 뉴스1, 2021. 5. 24 <'타인에 대한 분노 가장 커'…청소년 부정적 감정 '일상화'>
03   남궁민 기자, 중앙일보, 2021. 3. 21 <지난해 '극단적 선택' 학생 증가…10년내 가장 많아져>
04   이유진 기자, 한겨레, 2021. 9. 6 <학교가 '선택' 아닌 '전부'인 아이들 위해…전면등교가 답이다>

를 위한다는 명분이지만, 학교를 지극히 좁은 학업과 학습의 장으로만 여기는 인식이 자녀를 입시지옥으로 몰아넣는 형국이다. 이렇다보니 가정에서 자녀를 따뜻하게 보듬고 지지하는 역할을 제대로 해내지 못한다. 학교나 가정에서 마음근육을 단련하는 충분한 시간과 기회를 제공받지 못하는 것이다. 이런 상황 속에서 어떤 아이들은 상처를 받으면 회복은 고사하고 포기하거나 스스로 생을 마감하기도 한다. 이를 무작정 나약하다고 나무랄 일이 아니다. 입시라는 괴물에 압박당하지 않게 해달라는 아우성이자 저항이라고 나는 생각한다. 살려달라고 외치는 것이다. 모든 것을 블랙홀처럼 집어삼킨 입시만 생각하는 어른들의 불찰로 아이들 삶이 무너졌는데, 코로나19로 마음에 문제가 있다고 말하는 것은 본질을 꿰뚫지 못한 진단이다.

경험디자이너 엄마의 살아 있는 수업 관찰기

두 아이 엄마로서 학교에 아이를 보내놓고 냉온탕을 경험했다. 고3까지 가려면 한참 먼 상황에서도 입시는 늘 유령처럼 곁을 떠돌았다. 주변 사람을 비롯하여 많은 이가 입시 아닌 교육은 교육도 아닌 것처럼 말하고 있었다. 입시를 중심에 놓으니, 학교에는 아픈 아이들이 속출하고 있었다. 성적이 좋지 않거나 성적 스트레스 등으로 다양한 문제를 양산하는 학생들은 배제되고 소외되어 있었다. 아플 수밖에 없었다. 입시에 매몰되어 재미가 죽은 학교에서 치유나 회복의 기운은 찾기 어려웠다. 삶의 행복을 성적순으로 줄 세우는 어른들에게 받은 모멸감, 분노와 슬픔이 영혼을 잠식하고 있었다. 심지어 입시를 관통하고 대학에 들어간 학생이라고 고통이 줄어드는 것 같지 않았다. 성공적인 입시를 대신하여 이번에는 취업이 그 자리를 차지하기 때문이다. 이런 이유로 여전히 학교에서는 배움보다 경쟁이 우선이고, 상처받은 학생으로 가득하다.

나는 운 좋게도 영국 런던과 필리핀 마닐라에 살면서 배움의 재미를 알려주는 학교를 만났다. 무엇보다 두 아이가 지금 다니는 학교에는 내가 다시 만나고 싶었던 생기가 돈다. 학생들은 수업을 기다리며 설렌다. 마음껏 자신을 시험할 수 있고, 실패를 두려워하지 않고 헤매는 과정도 기꺼이 즐긴다. 자녀의 이런 모습을 보는 부모나 보호자 모두가 즐겁고, 함께 배운다. 배움과 삶이 일치하는 학교, 한마디로 '살아 있는' 학교다. 입시 때문에 아이를 공부하는 기계로 전락시키는 교육이 아닌 몸과 마음을 꽃피우고, 자신만의 꿈을 꾸게 하는 진짜 학교다. 특히 이곳에는 배제와 소외가 없다. 성적이 좋지 않다는 이유로, 학습 능력이 떨어진다는 이유로 차별받지 않는다. 한 명 한 명의 존재감을 존중하고 존엄하게 대한다. 덕분에 아픈 아이가 있으면 가능한 많은 선생님들과 보호자가 힘을 합쳐 치유와 회복을 돕는다. 학생 저마다의 가능성을 찾아 실험하고 도전하는 경험을 할 수 있기에 배움이 길이 된다. 입시라는 틀에 자신이든 수업이든 가둘 필요가 없다. 경쟁보다 서로를 응원하고 필요하면 뜨겁게 보듬는다. 그 덕분에 나의 두 아이들은 공부의 맛, 삶과 배움의 일치를 경험한 것은 물론 아픈 마음도 치유받았다. 바로 내가 바라던 학교이며 수업이다. 아이뿐 아니라 나에게도 이 학교는 새로운 배움을 안겨주고 있다.

나는 경험서비스 디자이너이자 선생님으로 직장에서, 대학에서, 중고등학교에서, 그리고 집에서 각기 다른 여러 정체성이 있지만, 사실 엄마가 가장 어렵고 힘들었다. 좋은 엄마가 되어야 한다는 강박도 있었고, 사회적인 요구에도 시달렸다. 끊임없이 몸과 마음이 고통스러웠다. 지금 생각하면 우습지만, 한국에서는 좋은 엄마도 경쟁이었다. 항상 다른 엄마와 비교해야 했고, 부족한 엄마가 되지 않기 위한 기준도 직간접적으로 입시와 관련이 있었다.

이 와중에 코로나19는 어마어마한 충격과 공포를 안겼다. 학교라고, 교육이라고 예외는 아니었다. 그렇다면 코로나19로 가장 큰 피해를 본 집단은 어디였을까? 자영업자, 소상공인, 학생 등 관점에 따라 다양한 답변이 있겠지만, 내가 가장 공감한 답변은 '엄마'였다. 코로나19는 집에 모든 것을 몰아넣었다. 학교, 식당, 놀이터, PC방 등을 비롯하여 직장까지 집으로 들어왔다. 한국사회의 고정된 성별 역할에 따라 가정 내 돌봄 주체인 엄마는 이 모든 것을 다 감당해야 했다. 엄마는 그야말로 극한 직업이다.

하지만 나는 현재 마닐라에서 엄마로 감사한 삶을 경험하고 있다. 학교와 선생님, 그리고 수업 덕분이다. 런던의 평범한 공립학교와 마닐라의 한 국제학교에서 찾아낸 공통점은 아이들을 온전한 인격체로 존중하며, 아이들의 성장을 위한 다양한 가치를 녹여낸 수업을 준비한다는 점이다. 수업의 대상은 아이들이지만 그 곁에서 부모와 보호자가 더 많이 배운다. 학교에서 전하는 가치에 귀를 기울이며 적극적으로 아이들의 배움을 위해 동참한다. 수업료를 부담하지 않는 런던의 보통 학교를 직접 경험하고 관찰하면서 이런 장점이 비단 사립학교에서만 발견되는 특성이라고 단정할 수 없었다.

이 학교들의 교육은 아이를 바라보고 대하는 방식이 수업에 녹아져 있었다. 지금까지 내가 한국에서 보고 듣고 경험한 학교와 수업과는 전혀 다른 새로운 모습으로 아이를 위한 프로그램을 만든다. 덕분에 나는 한국에 있었다면 끊임없이 시달려야 했을 '슈퍼 엄마' 강박에서 벗어나 새로운 에너지를 받고 있다. 학교가 얼마나 중요하고, 그곳에서 이루어지는 모든 활동이 아이들뿐 아니라 가족, 이웃, 마을에게도 생기와 활력을 줄 수 있음을 깨닫고 있다. 아이 마음을 들여다보고 다독임과 돌봄으로 그 마음을 품어주며, 배움과 삶이 일치할 수 있도록 유도해주는 어른의 역할에 대해서도 배우고 있다. 어쩌면 우리는 그동안 부모나 선생님이 원하는 공부를 아이에게 주입하는 데 몰두했는지도 모른다. 그것은 죽은 수업이자 교육이었다. 이곳에서 아이를 중심에 둔 수업과 활동을 보면서 살아 있는 수업이자 교육을 경험하고 있다. 따라서 이곳에는 '무조건 내 아이만 잘되면 그만이다'는 마음이 없다. 모든 아이가 모두의 아이라는 생각으로 수업과 학교가 돌아간다.

우리 모두는 모든 아이들의 보호자

건강한 생기가 넘치는 몸과 마음이 건강한 아이로 기르고 싶다면, 어른이 달라져야 한다. 아이를 바라보는 시선과 태도가 달라져야 하고, 행동도 변해야 한다. 더 이상 입시를 성공시킨 부모, 교사, 일타강사가 교육 현장의 주인공이 되어서는 안 된다. 학원에 아이를 맡겨서는 안 된다. 우리 아이들에게 학교는 선택이 아닌 전부다. 학교에서 다시 시작하고, 수업을 통하여 기본을 세워야 한다. 지금 한국의 학교와 교육 현실에서 '그런 것이 가능해?'라고 물을 수도 있겠다. 그것이 어떻게 가능한지 한국의 평범한 엄마로 다른 교육을 체험하고 겪은 기록을 여기에 담았다. 두 아이의 아픈 마음조차 헤아리고 돌보지 못했던 '불량 엄마'가 학교와 선생님들의 도움으로 아이들과 함께 차츰 회복되어가는 과정도 담겨 있다. 이 책을 통해 아이와 보호자, 학교 모두에게 변화의 연대가 만들어지는 작은 밑거름이라도 될 수 있으면 좋겠다. 코로나19로 학습 격차와 교육 불평등의 골은 더욱 깊어졌다. 문제는 분명하게 주어졌고, 우리가 만든 문제는 이제 우리가 풀어야 한다. 우리는 여기에서 벗어나 현실을 바꿀 수 있는 힘이 있다. 우리는 아이들이 진짜 배움 앞에서 호기심, 애정, 장난기, 즐거움 등이 가득한 눈빛을 보인다는 것을 알고 있다. 학교는 이런 눈빛이 모인 가능성의 공간이며 성장의 배양기다. 먼저 어른들이 달라져야 한다. 교육이란 무엇인가, 우리가 아이들에게 주어야 하는 배움이란 무엇인가, 이 아이들에게 결여된 배움의 경험은 무엇인가. 이제 다시 진지하게 생각해야 할 시간이다.

Class 1

아이를 바라보는
시각을 바꾸는 순간,
변화가 시작된다

문제가 있는 아이가 아니라 다른 아이

모든 아이는 저마다 특별하고 다를 뿐,

이상적인 아이는 없다.

"첫째 키워봤다고 둘째 키우기가 쉬운 건 아니에요."

두 명 이상의 아이를 키우는 부모나 보호자가 양육 과정에서 흔히 하는 말이다. 첫째 제이와 둘째 레오를 키우면서 이 말이 내게 얼마나 와 닿았는지 모른다. 특히 레오를 양육하는 일은 제이 때와는 비교할 수 없을 정도로 크게 차이가 났다. 사실 레오는 첫째를 낳은 뒤 임신을 포기하고 떠난 유학 시절에 축복처럼 찾아온 아이였다. 그만큼 감사하고 소중했다. 하지만 동시에 대하기 어려운 아이로 자랐다. 두 돌이 지나면서 레오는 무슨 이유에서인지 말랑말랑함을 잃고 날카롭고 차가운 모습을 종종 드러냈다. 레오가 뿜는 까칠함은 도저히 다루기 어려웠다. 그것을 감당하기 쉽지 않았던 우리 부부는 그것을 '태도'로

읽거나 '기질'로 이해했다.

어느 순간부터 레오는 우리 부부가 쉬이 손을 쓸 수 없는 상태로 넘어가고 있었다. 크면서 달라지겠지, 하며 서로를 다독였지만 공허한 기대였다. 영국 유학 생활을 마치고 한국에 돌아와 레오를 어린이집에 보냈던 첫날을 잊을 수 없다. 엄마와 떨어지지 않으려는 아이에게서 매정하게 돌아서야 한다는 조언에 따라 어린이집을 나서는 순간이었다. 뒷전으로 레오의 통곡이 울려 퍼졌다. 나는 떨어지지 않는 발걸음을 내디디며 이를 꽉 물었다. 그 기억 때문이었을까. 레오는 가족 누구에게도 곁을 주지 않았다. 또 누구의 말도 듣지 않았다. 집이든 학교든 부모든 선생님이든 상관없었다. 자기 뜻을 따라주지 않으면 육탄전을 무릅쓰고라도 고집을 피웠고, 끝까지 자기 뜻을 굽히지 않았다.

ADHD를 의심할 만큼 버거웠던 아이

레오는 물불 가리지 않고 자신을 들이댔다. 위험하고 아찔한 순간에 노출되는 것도 다반사였다. 방금 끓인 주전자가 뜨거우니 만지지 말라고 주의를 주면, 뜨거운 것이 어떠냐며 손을 들이밀었다. 차를 조심해야 하니 손을 잡자고 하면, 차야 피하면 된다며 손을 뿌리치고 차도로 뛰어들기도 했다. 레오는 그렇게 하지 말라면 더 하고, 원하는 것을 얻을 때까지 온몸에 힘을 주고 버텼다.

주변에서는 속사정을 아는지 모르는지 그런 레오를 좋게 표현하기도 했다. "뭐가 될지는 모르지만 크게 될 거예요." 큰일을 하든지 저지르든지, 뭘 해도 크게 할 거라는 말은 듣기 편한 말은 아니었다. 아이와 놀기 잘하는 남편에게도 레오는 만만한 상대가 아니었다. 우리는 레오와 놀기 위해 얼굴, 목, 팔, 허리 등을 바쳤고, 그 대가로 파스 없이 출근할 수 없는 여러 날을 보냈다.

친구와 다투는 일도 비일비재했다. 어린이집에서 걸려온 '사건·사고' 전화를 받느라 진땀을 빼는 일도 잦았다. 이렇다보니 우리 부부는 늘 신경을 곤두세운 채 하루하루 노심초사할 수밖에 없었다.

레오를 양육하는 일은 매우 고단했다. 이를 아는 주변에서는 인간의 부족함을 알게 하고자 신이 자식을 내려주신다는 둥, 하늘은 원래 인간이 감당할 수 있는 시련만 주신다는 둥 애써 위로를 건넸다. 하지만 그 어떤 말도 위로가 되지도 와 닿지도 않았다.

레오가 다섯 살 무렵, '주의력결핍 과잉행동장애(Attention-Deficit Hyperactivity Disorder)'라는 용어가 세간에 유행처럼 오르내렸던 적이 있다. 언론에 자주 보도되면서 에너지가 넘치는 아이에게 ADHD를 의심하거나 추정하는 일이 잦았다. 당시 분위기가 그러했다. '에너지 넘치고 산만한 아이는 곧 문제아이며, ADHD를 앓고 있다'는 인식도 덩달아 퍼졌다. 나아가 산만하지만 문제를 일으키지 않는 아이도 ADHD 약을 먹으면 공부를 잘하게 된다는 괴소문까지 돌았다. 이런 분위기에서 비전문가 어른들의 어설픈 진단은 레오를 '문제아'로 낙인찍었다. 마음이 약해진 상태에서 지인 권유로 발달심리 전문가를 찾아간 적도 있다. 전문가는 나이가 어린 데다 몇 가지 유사 징후만으로 ADHD를 단정할 순 없다는 소견을 내놨다. 안도와 함께 불안도

커졌다. 차라리 약을 먹이면 좋아지지 않을까, 하는 마음도 꿈틀댔다. 이런 상황에서 지인들이 자녀의 학교생활을 이야기하면 심적으로 경직되었다. 그들이 말하는 이른바 드센 아이, 말썽꾸러기가 내 아이를 두고 하는 말 같아 혼자 불편했다. 레오가 이대로 학교에 들어가면 어쩌나 하는 걱정부터 앞섰다.

이런 마음은 나를 갉아먹었다. 턱과 어깨 통증이 심해져서 찾은 한의원은 스트레스를 하나씩 줄여보라고 권했다. 하지만 그게 어디 쉬운가. 엎친 데 덮친 격으로 고민이 하나 더 늘었다. 레오를 신경 쓰느라 충분한 시간을 함께 보내지 못했던 첫째 제이가 조금씩 달라졌던 것이다. 웃음이 떠나지 않던 명랑한 제이가 나와 눈도 마주치지 않는 말 없는 아이가 되어갔다. 영국에서 한국으로 오면서 시험 점수 등 결과를 중요시하는 학습 분위기에 적응이 어려웠던 제이에게도 돌봄이 필요했건만, 그걸 놓치고 지나쳤다. 퇴근하고 집에 오면, 제이는 나와 마주칠까 봐 재빨리 제 방으로 들어갔다. 그런 모습을 보고 나는 때 아닌 사춘기 탓을 했다. 이렇게 제이와 레오 사이를 오가며 달래보려고 애쓰던 사이, 나도 서서히 지쳐갔다.

그렇다고 멍하니 있을 순 없었다. 엄마라는 책임감에 읽어보지 않은 양육서가 없었고, 찾아보지 않은 교육 프로그램이 없었다. 구구절절 옳은 말들이었지만, 내 삶에 어떻게 적용해야 하는지 연결이 되지 않았다. 무서운 게 없어서 그런다는 주변 어른들 말씀을 듣고, 호되게 야단도 쳐봤지만 소용없었다. 온갖 방법을 다 썼다. 달래고, 부탁하고, 어르거나 때로는 무섭게 대했다. 그런데도 레오는 여전했다. 절망이

나를 감쌌다. 아이들을 어떻게 돌보고 가르쳐야 하는지 알 수가 없었다. 괴로운 나날이었고, 엄마로서 아무것도 할 수 없다는 자책감이 나를 짓눌렀다.

아이를 바라보는 선생님의 금쪽같은 한마디

사실 양육 문제가 더 힘들게 다가왔던 이유가 또 있다. 당시 나는 일도 가정도 완벽하게 꾸리고 싶었다. 직업적으로 각종 서비스 경험을 성공으로 이끄는 유능한 디자이너로 인정을 받고 있었다. 하지만 집에 오면 이런 자부심은 모래성처럼 허물어졌다. 말썽꾸러기 하나 어쩌지 못하는 부족한 엄마라는 자책이 나를 휘감았다. 완벽한 엄마를 추구했던 내 자존심은 멍들고 구겨져 가고 있었다.

그러던 중, 남편의 해외 발령을 계기로 가족 모두에게 새로운 환경이 주어졌다. 런던에서 돌아온 지 3년 만에 마닐라로 생활 터전을 옮기면서 아이들도 새로운 학교에 적응해야 하는 상황과 마주했다. 그런 레오에게 예상했던 문제가 하나둘 생겼다. 담임선생님은 물론, 상담선생님, 교육 프로그램 선생님이 보낸 이메일과 문자, 전화가 바쁘게 울려대기 시작했다. 서울에서 느꼈던 긴장과 불안이 다시 나를 옥죄어 왔다. 아슬아슬하게 레오의 학교생활을 지켜보던 어느 날, 예상하지 못한 뜻밖의 한마디가 나를 따뜻하게 위로해주었다.

"에너지 넘치고 사랑스러운 레오를 만나게 되어서 기뻐요."

"평범하지 않은 아이라 자제시키는 것이 너무 힘들었어요. 죄송합니다."

"죄책감을 가질 필요가 전혀 없어요. 당연히 평범하지 않죠. 애들은 각자가 특별하고 저마다 다르거든요. 레오는 나쁜 아이가 아니에요. 어머님이 생각하는 '이상적인 아이들'과 좀 다를 뿐이죠."

선생님들이 던진 말은 의외였다. 레오를 문제가 있는 아이, 나쁜 아이가 아닌 '다른 아이'로 바라보고 있었다. 처음 듣는 말이었다. 모든 아이는 저마다 다르다며 나를 위로했다. 선생님은 레오가 어떤 아이인지 더 알고 싶다고 했다. 레오를 위해 함께 도울 수 있는 부분이 있는지 찾아보자고 했다. 믿기지 않았다. 나는 레오를 '보통'과 '정상' 범주가 아닌 비정상적으로 말썽을 많이 부리는 아이로 인식하고 있었다. 사실 고분고분하게 보호자 말을 잘 듣는 아이가 '정상'이라는 생각의 틀에 갇혀 있었던 것이다.

부모와 선생님, 우리는 '한 팀'

'다른 아이'라고 말해주는 선생님들이 새로운 세계를 열어주었다. 그날 이후, 나는 꾸준히 담임선생님은 물론 상담선생님을 찾아가 레오를 키우며 겪은 고민과 고충을 조금씩 털어놓았다.

"엄마니까 모든 것에 완벽해야 한다고 생각했지요? 전혀 그렇지 않아요. 우린 누구나 아무것도 모르고 엄마가 된 거예요. 그래서 우리가 이렇게 모인 거예요. 아이를 위한 한 팀으로."

그 위로는 어마어마했다. 굴려도 굴려도 다시 굴려야 할 시시포스의 돌덩이를 치워주는 것 같았다. 눈물이 주루룩 흘렀다. 당시 나는 레오

이야기만 나오면 눈물이 쏟아졌다. 엄마로서 가진 미안함이 죄책감으로 번지면서 필요 이상으로 나를 작게 만들었기 때문이다. 아이를 어떻게 대해야 할지 아무것도 모르면서 완벽한 엄마가 되려고 안간힘을 쓰는 내 모습도 안쓰럽게 느껴졌다. 상담을 통해 처음으로 레오와 얽힌 이런저런 이야기를 이어갔다. 마주 앉아 있던 선생님이 내 곁으로 와서 살며시 손을 잡아주었다. 마음이 조금씩 놓였다. 처음으로 혼자가 아니라는 생각이 들었다.

그렇게 나와 아이들에게 다시 따뜻한 품을 열어준 학교는 마닐라에 있다. 개교한 지 백 년이 넘은 국제학교다. 유치원생부터 고등학생까지 120여 개 국가에서 온 아이들이 함께 공부한다. 이 귀한 경험 덕분에 제이가 다녔던 런던 학교의 기억과 경험 기록을 모두 찾아내어 다시 꺼내들 용기를 얻었다. 개교한 지 80년이 넘은 두 학교는 오랜 시간 축적된 다양한 데이터를 수업과 상담에 활용한다. 여기서 학생들을 향한 애정의 깊이가 느껴진다. 어제의 수많은 고민과 눈물이 오늘의 누군가를 위로하는 귀한 자료로 쓰이는 것이다. 덕분에 아이를 양육하면서 고민한 나의 시간도 의미를 찾아가기 시작했다.

이상적인 아이를 기르는
가장 이상적인(?) 방법

엄마가 원하는 대로 아이를 바꾸지 말아주세요.

세상에 이상적인 아이는 없어요.

아이들은 저마다 다르고 특별할 뿐이에요.

아이의 마음을 공부하는 엄마

엄마 자신의 마음을 알아야
아이의 마음에 다가갈 수 있다.

"난 내가 너무 싫어! 친구도 싫어! 괜찮아진다고 하지 마!"

레오가 문을 쾅 닫고 악을 쓰고 울다가 방에서 나왔다. 학교에서 무슨 일이 있었는지 말하지 않고, 무작정 화를 내며 울기만 할 뿐이었다. 이전에는 버릇없다며 혼을 냈을 텐데, 선생님께 배운 대로 적당한 거리부터 두고 차분하게 기다렸다.

"무슨 소리야. 엄마는 레오가 밉지 않아. 레오가 정말 많이 힘들었구나. 안아줄까?"

"싫어. 엉엉…"

레오는 한참을 내 품에 안겨 있었다. 부모교육 프로그램에서 배우고 연습한 대로 먼저 내 마음을 진정시켰다. '나는 아이가 미운 게 아니다. 아이가 뱉어낸 그 말이 미운 것이다.' 아이에게 화내지 않을 만큼 충분히 마음을 가라앉히면서 애써 평정심을 찾으려고 노력했다. 그리고 아이에게 상처를 주지 않을 만큼 적당한 거리를 두었다. 그 거리는 쉽게 흥분하지 않도록 해주는 나 자신을 위한 거리이기도 했다. 그렇게 감정적으로 흥분한 레오를 기다려주자 레오가 먼저 말을 걸었다.

"미안해 엄마, 나 너무 속상해서 그렇게 말했어."

마음이 진정된 레오가 먼저 마음을 열었다. 지금까지 시도해보지 못한 새로운 방법이 효과가 있었다. 이렇게 레오에게 새롭게 다가가게 된 것은 학교를 중심으로 아이를 교육하는 한 팀이 생긴 덕분이다. 특히 담임선생님과 상담선생님 도움이 매우 컸다. 레오를 문제 아이가 아니라 '다른 아이'라고 말해주는 선생님들과 만난 것은 정말 행운 같았다(사실 이곳에서는 모두에게 해당하는 일이라 '행운'이라는 말도 어울리지 않는다).

걸음마 배우듯 마음공부도 시작했다. 선생님들은 학교에서 레오에 대해 꼼꼼히 살폈고, 가정에서 연습할 수 있도록 우리 부부를 이끌어주었다. 덕분에 편견과 비판 없이 온전히 한 아이로 바라보는 법, 흥분하지 않고 적당한 거리를 두는 법, 마음에 귀 기울여주는 법 등을 하나씩 배워나갔다.

엄마의 첫 마음공부

학교에서 레오를 함께 돌보자는 팀을 만나기 전까지 레오의 마음을 이해하려는 내 노력은 거의 메말라가고 있었다. 속상하거나 화가 나서 떼쓰며 우는 레오와 내가 동시에 흥분하면 문제해결은커녕 서로에게 화가 치미는 감정 소모전이 많았다. 슬기롭게 아이와 대화하기보다 아이를 야단치는 잔소리만 늘어갔다. 내 스스로가 어른의 모습이 아닌 아이처럼 레오를 대했다. 레오의 마음을 감정적으로 받아들이지 않고, 오해 없이 읽어내기 위해서 나 자신부터 마음에 대한 언어를 이해할 필요가 있었다. 우리 부부는 아이들과 함께 마음을 표현하는 법을 익히기 시작했다. 그렇게 엄마의 마음공부 첫걸음을 떼었다. "마음공부(mindsight)는 자신의 마음 상태를 살피고, 이해하는 것을 의미해요. 우리가 지금까지 해온 것처럼 서로에게 상처를 주지 않고, 문제를 해결할 수 있어요. 마음을 읽고 이해하는 능력을 통해서 지나간 아픈 경험도 미래에 긍정적인 삶의 모습으로 성숙시킬 수 있으니까요."

UCLA 정신의학과 다니엘 시겔 박사의 말이다. 마음을 읽고 써야 건강한 인간으로 살아갈 수 있다는 의미다. 마음에 대해 읽고 쓰기를 배우는 것은 여러 가지 의미가 있었다. 우선 부모 입장에서 '생각'과 '감정'을 분리함으로써 차분하게 아이 입장과 부모 입장을 절충할 수 있는 장점이 있다. 사실 생각은 나만의 상상에 의해서 만들어지는 경우도 많다. 따지고 보니, 내가 아이를 야단치는 상황의 상당수는 사실을 확인하지 않은 채 잘못된 생각에서 비롯된 경우가 많았다. 이럴 때, 생각과 감정을 분리하면 아이에 대해 어떤 생각을 했는지, 왜 화가 났는지 등을 스스로 되짚어갈 수 있다. 이 부분이 중요하다. 감정적으로 흥분하지 않으면서 오해가 생길 수 있는 부분을 풀어갈 수 있기 때문이다.

경험디자이너로서 아이를 다시 바라보다

레오를 위해 모인 팀, 학부모 교육 등을 활용하면서 진짜 내 아이를 찾아가는 여정을 시작했다. 이 과정은 내 전문분야인 경험디자인 과정과 유사하게 진행되었다. 객관적인 관찰이 출발이었다. 이를 통해 숨은 문제를 알아채고 풀어갈 수 있었다. 선생님들과 나는 학교와 집에서 레오와 적당한 거리를 두고 꼼꼼하게 지켜보며 그 내용을 정리했다. 상담선생님은 각 과목 선생님들에게 양해를 구하고, 수업에서 각자 관찰한 내용을 공유했다. 나는 집에서 등교 전 아침 시간, 방과 후 잠들기 전까지 레오를 살폈다. 함께 관찰한 내용에 따르면, 레오는 이런 아이로 요약되었다.

- 마음을 잘 드러내지 않는 아이
- 자기감정을 잘 표현하지 못하는 아이
- 다른 사람과의 불편함이 종종 분노와 자기부정으로 이어지는 아이
- 불안해하는 아이, 그래서 도움이 필요한 아이

상담선생님은 평소 관찰을 바탕으로 레오에게 일상에서 즐기는 놀이에 대해 물어보았다. 누구와 어떻게 노는지, 놀 때 기분이 어떤지 등을 물었지만 레오는 마음을 잘 표현하지 못했다. 친구와 놀 때도 그랬다. 속상함을 표현하지 않고 징징거리다가 그만두었다. 싫어도 그냥 짜증 섞인 모습으로 일관했다. 평소 주변에서 말 잘한다는 소리를 듣는 레오에게 어울리지 않는 모습이었다. 여기에 진짜 문제가 있었다. '그만

하라'고 야단치는 어른들 말씀에 따라 레오는 자기 마음을 숨겨온 것이다. 그러다가 한 번씩 크게 폭발했다. 왜 그러는지 물어보면 '그냥'이라고 짧게 답하는 식이었다. 그냥은 그냥이 아니었다. 알고 보니, 레오는 자신도 모르는 복잡한 마음을 표현하는 법을 몰랐다. 그래서 화를 내고 짜증을 내는 수밖에 없었다. 정확히 말하면 표현하지 않은 것이 아니라 자신의 감정을 읽지 못했고, 그래서 감정을 표현할 어떤 말도 알지 못했다.

레오를 관찰하는 내내 우리 부부의 모습이 떠올랐다. 마음이 힘들거나 슬퍼도 겉으로는 말하지 않고 내색하지 않는 레오의 모습은 바로 우리 부부의 모습이었다. 이런 레오를 두고 좋은 어린이집에 보내면 다 해결될 거라고 믿었던 내가 너무 한심하게 느껴졌다. 납작하고 게으른 관찰이자 돌봄이었다. 아이 마음을 충분히 살피고 보듬어야 하는 보호자로서 임무 방기였다. 사실 이 감정 수업은 영국의 초등학교에서도 꾸준히 부모교육의 주제로 등장했던 부분이다. 하지만 그 당시 나는 그다지 큰 관심을 두지 않았다.

자기 마음을 읽고 표현하는 것을 어려워하는 레오를 위해 먼저 '마음 읽고 쓰기'에 도전하기로 했다. 책과 영상물, 부모교육 프로그램을 활용하여 본격적으로 마음공부를 시작했다. 우리 가족의 마음공부는 아래와 같이 구체화되었다.

- 하나. 아이의 마음을 읽고 쓰는 방식을 살피고 기록하기
- 두울. 감정의 다양함을 알고 이해하기
- 세엣. 자신의 감정을 읽고 표현하기
- 네엣. 다른 사람의 감정을 읽고 표현하기
- 다섯. 지난 경험에 대해 마음을 읽고 나누며 상황을 다시 조율하기

아이의 마음을 읽고자 단계별로 마음공부를 진행하면서 가족의 일상도 조금씩 나아졌다. 마음을 표현하는 어휘를 공유하면서 대화에서 생기는 오해도 이전보다 크게 줄었다. 특히 레오가 자신의 마음은 물론 친구의 마음도 읽게 되자, 학교에서 친구 관계도 전보다 유연해졌고 안정을 찾아갔다.

나에게도 좋은 변화가 일어났다. 레오를 '문제아'가 아닌 '다른 아이'로 바라보자 죄책감은 누그러졌고 좋은 목표도 생겼다. '다시 배우는 엄마, 노력하는 엄마'가 그것이었다. 그동안 읽은 양육서가 다시 보이고, 아이를 둘러싼 학교 환경과 수업도 달리 보였다. 마음은 수학 문제 풀 듯 정답이 있는 게 아님을 새삼 깨달았다. 특히 '나'를 이해하는 큰 성과가 있었다. 나는 그동안 자신을 속이고 있었다. 이른바 '현타(현실 자각 타임)'가 따라왔다. 왜 아프고 힘든데도 괜찮다고 자신을 속였을까? 아이를 보듬고 이해하려면 엄마의 마음부터 잘 돌봐야 한다는 것을 이제야 알게 되다니…. 나를 사랑하고, 아이를 사랑하고, 세상을 사랑하는 엄마의 마음공부는 그렇게 시작되었다.

아이 마음을 더 잘 읽고 싶다.
그런데 이게 맞나? 아무튼 열심히…

아이의 마음을 잘 돌보기 위해서는

우선 엄마 자신의 마음부터 세심히 들여다보고 돌보아야 합니다.

아이는 저절로 자라지 않는다

아이의 마음에 다가가기 위해서는
학교와 가정의 상호보완적 노력이 필요하다.

"아무리 철이 없고 말썽을 부리는 아이라도 철이 들면 달라져. 시간이
모든 것을 해결해줄 거야."

아들을 걱정하는 내게 주변 분들은 '애들은 크면 저절로 좋아진다'고
말했다. 그 말이 영 틀린 말은 아니다. 아이가 자라면서 다양한 사람들
을 만나고, 다양한 것들을 보고 들으면서 성장한다는 관점에서는 맞
다. 하지만 모든 아이가 그렇지는 않다. 세상이 저절로 좋아지지 않듯
이, 아이도 저절로 어른이 되는 건 아니다. 몸만 어른일 뿐, 의식은 성
숙하지 않은 어른도 얼마나 많은가. 나이 먹으면 저절로 어른이 된다
는 말은 환상에 가깝다.

아이들이 잘 자라기에는 사회 환경도 건강하지 않다. 뉴스에서 접하
는 청소년들의 범죄 양상은 점점 더 심각해지고 있다. 다행이라면 유

해 환경에 대한 걱정을 잠재울 만한 의미 있는 연구가 해외에서 활발히 진행되고 있다. 특히 유럽 등지에서 진행하는 '숲 교육'이 중요한 사례다. 영국 학교들은 아이의 마음 건강을 위해 숲 수업을 진행한다. 디지털을 벗어나 자연에서 아이들이 서로에게 마음을 열도록 유도하는 경험을 열어주는 것이다. 아이들의 숲 경험은 사진, 소식지 등을 통해 각 가정에 생생히 전달된다. 이를 통해 서로의 경험을 주고받는 등 자연스럽게 가족대화의 기회가 열린다. 이런 시간을 늘리자 아이를 비롯해 교사, 학부모 등 모두에게 긍정적인 효과가 났다는 연구 결과도 있다.

학교(하드웨어), 수업(소프트웨어), 교사·보호자(휴먼웨어)가 잘 어우러지면 아이들은 건강하게 자랄 수 있다.[05] 아이가 잘 성장하기 위해서는 가정과 학교가 함께 뭉쳐야 한다. 각각의 주체가 잘 맞물리면 건강한 배움과 성장이 일어난다. 제이와 레오가 다니는 학교는 이런 삼위일체의 중요성을 강조하고 잘 조율한다. 레오를 위하여 꾸려진 팀을 만났던 날처럼 말이다.

"엄마 혼자서 할 수 있는 것이 많지 않죠. 우리에게는 서로가 필요해요. 아이를 위해 학교와 수업, 가정 어느 것 하나 중요하지 않은 게 없어요. 서로 협력하고 보완하는 것이 중요해요. 톱니바퀴처럼 맞물려 돌아가야 우리가 원하는 방향으로 갈 수 있어요. 레오를 위해 여기 모인 우리가 함께 생각하고 길을 찾아갈 거예요."

05　김정하·김민정, 조선일보, 2020. 1. 28 <스마트폰 놓고 숲에서 놀게 했더니… 영국 아이들 표정이 달라졌다>

아이 입장에서 아이를 위한 노력

학교에서 제시하는 몇 가지 질문을 통하여 어떤 노력을 해야 하는지 짐작해볼 수 있었다. 바로 이런 질문들이었다. 단, 질문에 대한 대답은 교육의 최대 수혜자인 자녀 입장에서 해야 한다.

- 학교와 집은 아이 교육을 위해 좋은 텃밭이 되어주고 있는가?
- 학교 수업과 가족 활동을 통하여 아이에게 적절한 배움의 양분을 공급하고 있는가?
- 자녀가 양분을 자기 성장을 위해 충분하게 활용하도록 돕고 있는가?
- 일상에서 아이의 마음을 잘 살피고 충분히 지지하고 있는가?

질문을 읽으면서 나 자신을 돌아보고 반성했다. 좋은 어린이집에만 보내면 레오의 문제가 저절로 해결될 거라고 기대했다. 레오에게 적절한 도움을 살피고 제공하지 못했던 것이다. 이른바 '좋은' 학교에 보내고, 유명한 일타강사의 강의를 들으면 자녀가 바르게 자라고, 문제도 해결된다고 믿는 보호자들이 적지 않다. 물론 좋은 학교에 입학시키고, 좋은 학원을 고르는 일도 보통 일이 아니다. 쏟아야 하는 에너지가 엄청날 정도로 보호자의 노력은 그 자체로 눈물겹다. 하지만 많은 교사들이 이런 보호자의 수고가 향하는 지점과 자녀에게 반드시 필요한 지점 사이에 큰 격차가 있다고 지적한다. 그렇다면 그 많은 부모들의 노력과 수고가 자녀를 위해서 결실을 맺으려면 무엇이 중요할까? 내가 만난 거의 모든 교사들은 이구동성으로 자녀의 마음이 먼저여야 한다고 입을 모은다. 자녀의 마음을 먼저 풀어야 하건만, 시험 문제만 푸는 아이들을 보면 가슴이 아프다는 교사들이 많다. 성적 뒷전으로 밀려난 아이의 마음고생은 어떻게 풀어야 할까. 여기서 이런 질문을 던질 수 있다. 좋은 부모, 좋은 보호자란 무엇일까? 어떤 이는 온갖 정보를 취득하고, 유명 학원이나 스터디 그룹에 아이를 보내는 것으로 역할과 책임을 다했다고 생각한다. 과연 그럴까? 시간을 돌려보자. 아이가 태어나면 부모는 이렇게 말한다.

"우리 아이, 건강하게만 자라다오."

그 초심은 어디로 갔을까. 자녀는 그 자체로도 이미 존중받아야 할 독립적인 인격체다. 부모의 욕망을 투영하는 대상도 아니요, 어른 말 잘 듣고 어른의 '기분권'을 맞춰주는 존재도 아니다. 자녀들 학업 성적만큼 그 마음도 충분히 살피고 돌봐야 한다.

우리 교육의 현실을 보자. 학교와 마을, 수업과 돌봄, 교사와 보호자, 이웃 등이 서로 균형을 이루며 어우러지고 있을까? 가정에서도 내 자녀를 둘러싼 교육환경의 모든 부분이 잘 맞물려 돌아가고 있는지, 자녀가 배움을 통하여 잘 성장하고 있는지 살피고 챙기는 것이 중요하다. 하드웨어, 소프트웨어를 찾아주는 것만으로 충분하지 않다. 아이들은 주어진 시스템과 프로그램을 곧이곧대로 받아들이는 온순한 양이 아니다. 그 과정에서 마찰과 갈등이 동반될 수 있다. 이럴 때 곁에서 자녀의 마음을 살피고 돌보아야 한다. 필요하면 각 요소를 아이의 필요에 맞게 재배치하고 조율해야 한다. 어른이 힘들게 찾고 구했으니 무조건 따르라는 강요는 아이의 반발을 부를 뿐이다. 행여 당장 반

발을 드러내지 않아도, 마음에는 크고 작은 상처가 새겨질 수 있다. 아이의 마음을 먼저 살피고 돌보는 과정이 있어야 진정한 배움과 성장으로 연결될 수 있다.

아이를 위해 피·땀·눈물을 모아

함께 공부를 시작한 학부모들과 마음을 공부하면서 가정에서 해야 할 역할을 제대로 되짚을 수 있었다. 즉, 소프트웨어와 연결된 휴먼웨어의 역할이 어떠해야 하는지 그려냈고, 가정에서 할 수 있는 크고 작은 목표를 하나둘 세웠다. 두말할 필요도 없이 모든 교육과정에 안정적으로 적응할 수 있도록 제이와 레오의 마음부터 돌보는 것이 가장 먼저 해야 할 일이었다.

학교라는 시스템, 그 단체생활이 처음인 두 아이에게 적응은 쉬운 일이 아니었을 것이다. 그 과정에서 마음 공백이 생길 수 있다. 이 공백을 메우는 것이 어른의 역할이자 몫이다. 마음이 불안정한 레오에게 아침부터 잔소리로 채근하는 것이 아니었다. 그래서 나는 선생님들과 함께 작고 실행 가능한 행동 강령을 만들어 실행하기 시작했다. 불안을 자극하지 않고 여유 있게 생각하기, 친구 관계에서 마음 읽고 쓰는 방법 알려주기, 아이를 섣불리 판단하지 않고 여유를 가지고 대화하기 등이었다.

사실 그 전까지 좌절감이 크고 힘든 시간이었다. 하지만 이런 시간이 없었다면 문제해결을 위한 길 찾기를 포기했을지도 모른다. 쓰라린

아픔이 지렛대가 되어 아이들의 마음을 돌보면서 내가 잃어버린 균형이 무엇인지 찾아가는 과정이 만들어졌다. 어떤 아이든 저절로 자라지도, 좋아지지도 않는다. 자녀를 위한 성장과 교육 환경, 곁에서 진심으로 돕는 어른들, 모든 것을 연결하는 각자의 피, 땀, 눈물이 있어야 자녀를 올바른 배움으로 이끌어갈 수 있다.

마음안전을 해치는 부모의 말

부모의 말 한마디 한마디가 쌓여
아이의 생각 습관과 태도를 결정한다.

"포⋯기⋯ 할래."

"몰라⋯ 난⋯ 바보야."

"난 못해요⋯."

학교에서 레오가 친구와 선생님에게 자주 하던 말이다. 지금도 생각하면 가슴 아픈 말이다. 레오의 이런 말을 들을 때마다 나는 '그런 말하면 못써!'라며 부정적으로 대응했다. 물론 이런 훈육방식은 레오의 태도를 바꾸는 데 전혀 도움이 되지 않았다.

상담선생님과 나는 레오의 부정적인 언어 습관을 관찰하면서 집에서 사용하는 우리 부부의 말을 떠올려보았다. 갑자기 뜨끔했다. 남편과 내가 무의적으로 사용했던 부정적인 표현, 그것이 문제였다. 레오가 화가 난다고 말하면, 나는 화를 내면 안 된다고 야단쳤다. "화를 내면 나쁜 거야"라며 협박(?)을 했다. 이런 표현에 레오는 스스로 자기 감정에 죄책감을 느끼고 있었다. 잘못된 훈육언어가 아이에게 '나는 나쁜 아이구나'라는 죄책감을 품게 만든 것이다.

"선생님, 걔가 나를 무시하니까 자꾸 화가 나서… 때렸어요."

선생님은 친구를 때리고 흥분한 레오의 마음부터 가라앉히는 시간을 주었다. 그리고 레오에게 상황을 객관적으로 바라볼 수 있도록 만들었다.

"우선 선생님에게 솔직히 말하고 도움을 청해서 고마워. 친구가 말하는 것을 듣고 속이 상했겠다. 그 말을 듣고 레오를 무시한다는 생각이 들었구나. 그래서 화가 났고, 소리 지르고 때리는 행동을 했다는 거지? 때리고 나니까 기분이 어때? 화가 좀 풀렸니?"

"난 불편해요. 기분도 좋지 않아요. 난 나빠요"

"(슬퍼하는 레오를 꼭 안아주면서) 레오가 나쁜 게 아니야. 넌 여전히 좋은 아이야. 단지 화가 나면 어떻게 풀어야 하는지 몰랐을 뿐이야. 이제부터 선생님과 배워보자."

선생님은 레오에게 사실과 생각을 분리해야 한다는 것을 차분히 설명했다. 레오도 자기 생각이 어떻게 움직이는지를 살피면서 생각과 감정을 구분하려고 노력했다. 이후에도 일상에서 느끼는 부정적인 '감정'과 그 뒤에 숨은 부정적인 '생각'을 찾아냈다. 그렇게 사실과 생각을 분리하는 방법을 배워가면서 사실이 아닌데도 오해한 부분이 있었다는 것을 조금씩 알아갔다.

상처를 주는 부모의 말

우리 부부의 잘못된 언어 습관에 대한 교정이 이루어졌다. 상담선생님과 이야기를 나누면서 부모가 사용하는 말이 아이에게 죄책감을 심어줄 수 있다는 사실도 알게 되었다. 우리 부부의 '말하기 방식'을 꼼꼼히 되짚어보았다. 선생님 말씀처럼 무심코 자주 사용하는 '친구한테 화를 내면 나쁜 아이야' 등과 같은 표현이 아이에게 부정적인 생각을 심어주고, 부정적인 감정을 자극하고 있었다.

'언어 습관 바꾸기 프로젝트'가 시작되었다. 아이가 나쁜 것이 아니라, 아이의 행동(선택)이 나빴다고 바로잡았다. 즉, 나쁜 것은 '아이'가 아닌 '행동(선택)'이었다. 표현만 바뀌었을 뿐인데 양육의 맥락이 완전히 달라졌다.

사실 이전에 우리 부부가 했던 말도 '행동이 나쁘다'는 의도였다. 하지만 의도보다 중요한 것은 받아들이는 사람의 마음이다. 우리 부부는 분명 사려 깊지 못한 언어를 습관적으로 사용했다. 부모의 부정적인 한마디에 아이의 생각이 굳어졌고, 그래서 자신을 '나쁜 아이'라는 틀 속에 넣었던 것이다. 더 무서운 일은 레오가 자신이 나쁘다고 하면, 나도 레오를 '나쁜 아이'로 여기는 순간이 불쑥불쑥 찾아왔다. 그럴 때마다 레오를 향한 내 눈빛도 무섭게 변했다. 아마 그런 엄마의 반응에 아이 스스로도 자기효능감이 떨어졌을 것이다.

내가 무심코 사용하던 말을 꼼꼼하게 살펴보자, 의외로 거친 표현들이 많이 보였다. 나는 왜 그렇게 아이에게 함부로 말을 했을까? 아이에게 상처를 주었던 나의 말들은 날카롭게 날을 세우고 있었다. 거래

하듯 내가 원하는 것을 하지 않으면, 네가 원하는 것도 없다는 식의 협박성 언어도 문제였다. 모든 결정과 규칙이 부모 입장에서만 이루어졌고, 여기서 레오는 소외되었다. 따라가기 어려운 규칙만이 있었을 뿐이다. 이런 엄마의 원칙이 레오는 버거웠을 것이다.

상처를 주지 않는 훈육 습관

양육과 교육 전문가를 찾아다니며 상담을 받고, 각종 부모 워크숍에 참가하는 나를 지인들은 '좋은 엄마' '훌륭한 엄마'라고 칭찬했다. 고백하건대, 순전히 내 욕심과 다르게 자라는 아이를 바로잡기 위해서 노력했을 뿐이다. 이기적인 사랑이었다. 하지만 이제는 그것이 잘못된 생각이었다는 것을 안다. 마음공부를 하면서 그런 후회와 자책의 순간을 수없이 마주했다.

상담선생님은 자녀와도 화해하는 시간을 가져야 한다고 자주 조언했다. 이유는 간단하다. 그래야만 자녀에게 남아 있을지 모를 마음의 앙금이나 상처가 없어질 수 있기 때문이다. 그렇게 상담선생님과 학부모들이 모여 상처를 주지 않는 훈육 습관을 다시 점검했다.

1. 공감하기 (Empathize)

자녀의 마음에 공감하는 표현을 사용하자. '네가 참 힘들었구나.' '그렇게 말했다니 너무 속상했겠다.' '안아줄까?' '나도 그런 적 있어.' 등 최대한 공감을 표현하면 좋다.

2. 궁금해하기 (Get curious)

어려움이 있을 때, 자녀가 모든 과정을 설명하기 어려워할 수 있다. 함께 과정을 짚어가며 말하고자 하는 바를 도와주면 자신을 괴롭히는 지점을 찾아갈 수 있다. 이때 자녀를 자극하지 않도록 주의한다.

3. 표현 바로잡기 (Rewrite the script)

자녀가 자신에게 던지는 나쁜 표현을 바로 잡아주자. '나는 글도 못쓰는 바보야'라고 말하면 '누구나 틀리고 실수하면서 배우는 거야'라고 말해준다. '엄마/아빠도 그랬어'라는 표현을 덧붙이면 더욱 좋다.

4. 함께 문제 해결하기 (Problem-solve together)

자녀에게 문제가 있을 때, 곁에서 해결을 돕는 팀이 있다고 생각하게 만들자. '같이 해보자'라고 말하되, 보호자가 먼저 나서서 모든 어려움을 해결하지 않도록 주의한다. 자녀 스스로 문제를 고민하는 시간을 꼭 만들어주어야 한다. 해결 능력이 없어서 고민하는 것이 아니다. 누구나 문제를 이해하고 생각할 시간이 필요하다. '고민 끝에 문제를 해결하지 못해도 괜찮다'고 말해주어도 좋다.

5. 당연하다고 느끼는 생각과 느낌에 도전하기 (Challenge thoughts and feelings)

생각과 느낌은 끊임없이 태어나고 바뀐다. 부정적인 걱정이 긍정적인 경험으로 이어지기도 한다. 자녀가 특정 상황에서 실망할 기미를 보인다면 이렇게 말해보자. "전에도 그런 적 있는데, 얼마나 잘 끝냈니?

너는 마음에 들지 않을 수 있어. 하지만 우리 가족은 네 모습에 감동했어." 자녀가 부정적인 단정에 빠지지 않도록, 다시 생각하고 느낄 수 있도록 대화하자.

6. 도움이 필요할 때, 주저하지 말고 도움을 구하기 (Find support)

누구나 도움이 필요한 순간이 찾아온다. 모든 방법을 동원해도 어려움은 모습을 바꾸어 다시 찾아올 수 있다. 이때 주변과 함께 하면 해결에 좀 더 가까이 다가갈 수 있다. 적극적으로 도움을 청하는 일을 두려워하지 말자.

새로운 훈육방식을 적용한 지 얼마 되지 않아 예상하지 못한 문제도 발생했다. 교육을 받았음에도 남편의 훈육방식이 예전으로 돌아가 아이를 호되게 야단을 치는 날이 있었다. 이 과정에서 나와 남편의 의견 다툼이 잦아졌다. 자녀의 행동을 바라보는 관점이 여전히 달랐기 때문이다. 이에 대해 나는 수시로 상담선생님에게 조언을 구했다. 때로는 전문가의 힘을 빌리는 것이 도움이 된다. 내 열 마디보다 때론 선생님의 한마디가 남편 마음의 빗장을 푸는 데 더 효과적이었다. 우리 부부는 상담선생님과 직접 미팅이 어려울 때 이메일을 통하거나 온라인 미팅으로 상담을 받았다. 이처럼 혼자서 문제해결이 쉽지 않다면 망설이지 말고 도움을 청해야 한다.

나는 어떤 엄마일까?

습관적으로 내뱉는 엄마의 거친 말과 태도가

아이의 마음을 닫게 만들 수 있어요.

아이에게 비춰질 내 모습을 떠올려 보세요.

집과 학교가 함께하는
교육 로드맵 만들기

학교 교육은 아이들의 학업뿐만 아니라 진로와 적성, 그리고 사회적·정서적 성장을 목표로 한다. 이에 따라 대부분의 학교는 아이에게 필요한 교육 비전을 담은 교육 로드맵을 정한다. 이를 살펴보면 학교가 어느 부분에 가장 많은 공을 들이고 있는지, 어떤 교육적 가치를 지향하고 있는지도 잘 파악할 수 있다. 학부모는 학교의 교육 로드맵을 통해 자녀에게 적합한 학년별 교육 콘셉트를 확인할 수 있다. 즉 각 학년에서 어떤 준비가 필요한지, 부모가 구체적으로 어떤 도움을 주어야 하는지 등을 미리 계획하는 것이다. 이러한 장점 덕분에 교육 로드맵은 부모가 자녀에게 적합한 학교를 선택하는 데 도움을 주고, 또 자녀가 학교에 다니는 동안에도 집과 학교가 공통의 성장 목표를 설정하는 데 중요한 자료로 활용된다. 따라서 학교에서 제공하는 로드맵을 자녀에 알맞게 수정·보완해간다면 가정과 학교가 하나의 교육 방향으로 맞춰가는 데 도움을 얻을 수 있다. 이처럼 학부모의 교육 로드맵에 대한 관심과 이해는 자녀의 학교생활을 성공적으로 이끄는 핵심적인 요인이라 할 수 있다.

학교에서 학부모 상담을 받을 때, 학교와 가정이 함께 세부 계획들을 만들어보면 어떨까? 다음 예시를 참고하여 자녀를 위한 교육 로드맵을 만들어보자.

오른쪽 표는 레오의 초등학교 교육 로드맵이다. 이 표를 작성하면서 우리 부부의 교육 방향이 현실과 거리가 있음을 발견하게 되었다. 학교 로드맵에서는 2, 3, 4학년이 되어야 처음 등장하는 자기조절력과 독립성을 내가 너무 앞서 기대하고 있었다. 그래서 선생님, 레오와 함께 1학년 시기에 반드시 배우고 익히면 좋을 내용들에 대해 다시 한 번 점검하고, 가정에서 레오에게 너무 어려운 기대/요구를 하지 않도록 목표를 수정했다.

초등학교 교육 로드맵

시기별 목표	사회적·정서적 성장	학업성취 향상	진로 적성 개발
1학년 적응기	생애 첫 학교에 적응하기	배움의 즐거움 알기	다양한 활동 탐색, 체험하기
2, 3, 4학년 성장기	자기조절력과 독립성 기르기	서서히 배움의 경험을 확장하기, 레오의 공부 습관 찾기, 다양한 습관 경험하기	다양한 방과 후 활동 탐색 경험하기
5, 6학년 성숙기	자기조절력과 독립성 기르기	레오에게 맞는 공부 습관 기르기	경험의 깊이와 폭 확장하기 (도전하기, 성취하기)

내 아이를 위한 교육 로드맵

시기별 목표	사회적·정서적 성장	학업성취 향상	진로 적성 개발

Class 2

마음을 읽고 쓰는 순간,
아이는 행복해진다

친구의 마음을 사지 않고 읽기
: 관계 수업

공감을 받고 자란 아이가
친구의 마음도 잘 읽을 수 있다.

제이와 레오가 새로운 학교에 다닌 지 6개월이 지난 무렵이다. 중학생 제이는 다양성이 깃든 런던에서 학교를 다녔던 덕분인지 금방 새학교에 적응했다. 7살 레오도 그럭저럭 적응해가는 듯 보였다. 하지만 언젠가부터 집에 돌아오면 다음 날 학교 갈 걱정을 하기 시작했다. 친구가 없다는 말과 함께 아파서 학교에 가지 않겠다는 날이 부쩍 늘었다. 집에서는 아프지도 않은 듯 보여서 아이를 달래거나 야단쳐서 학교에 보내기를 반복했다.

이런 레오를 안쓰럽게 지켜보던 남편이 아이디어를 냈다. 레오의 반친구들에게 여러 가지 종이동물을 접어 나눠주자는 아이디어였다. 런던에 있을 때, 아빠가 접은 종이동물 덕분에 제이가 쉽게 친구를 만들었던 경험을 떠올린 것이다.

레오에게 친구를 만들어주기 위해 색종이로 온갖 동물을 만들었다. 레오의 가방은 이 종이동물들과 다양한 간식으로 채워졌고, 아이는 신이 나서 학교로 향했다. 또 반 친구들을 집에 자주 초대했다. 놀 거리, 먹을거리를 넉넉히 준비하고, 금요일이면 영화를 함께 보는 이벤트도 마련하는 등 애를 쏟았다. 이런 노력은 모두 레오의 친구 만들기와 학교생활 적응을 위해서였다.

그러던 어느 날, 종이동물을 넣어주려고 아이 가방을 열어보고 깜짝 놀라고 말았다. 형체를 알아볼 수 없을 만큼 뭉개진 종이동물들이 쏟아졌다. 충격이었다. 레오는 내가 그 뭉치들을 꺼내는 모습을 보고 온 동네가 떠나가도록 울었다. 사실은 이랬다. 반 친구들이 처음에는 종이동물들에 호기심을 보였으나, 시간이 지나면서 관심 밖으로 밀려났던 것이다. 다음 날 아침, 나는 지금까지 벌어진 이야기를 학교에 이메일로 보냈다. 그리고 오후에 담임선생님과 만났다.

"레오가 어떻게 친구에게 다가가야 하는지 모르는 것 같아요. 영어를 잘하지 못해서 그런 건 아니에요. 각자 다른 나라에서 온 친구들이 말 한마디 통하지 않아도 단짝이 되는 경우도 많아요. 그런데 레오는 친구의 마음을 읽고 이해하지 못해서 친구에게 다가가기 힘든 것 같아요."

친구 관계가 힘든 진짜 이유

그전까지 학교 가기 싫어하는 레오의 태도는 영어를 잘하지 못해서 생긴 문제라고 지레짐작했었다. 친구가 없어서 힘들어하는 줄 모른 채 그저 친구 사귀기에 도움이 되라고 종이동물을 넣어주다니, 우리 부부의 오판이었다. 레오가 친구들과 마음을 나누거나 친구에게 다가가는 방법을 몰라 생긴 문제였다. 레오는 감정과 생각을 나누는 기회를 만들지 못하고, 소극적이고 수동적 태도를 보이고 있었다. 찬찬히 생각해보니, 레오는 늘 친구에게 이렇게 물었다.

"나랑 친구 할래?"

"아니."

"나도 같이 놀까?"

"음, 아니."

"아앙~~ 엄마! 나 친구 없어."

레오는 주로 'Yes'나 'No'로 답변할 수 있는 질문만 던졌다. 생각을 묻는 열린 질문이 아니라 닫힌 질문이다. 답변이 'No'라고 나올 경우, 관계나 놀이의 진전을 기대할 수 없는 질문이다. 대신에 '내가 이걸 가지고 놀려고 하는데, 넌 어떻게 생각해?' '이렇게 놀면 재미있을까?'라고 물었다면 답을 이어가면서 놀이와 관계가 시작되지 않았을까.

"레오는 친구들과 함께 놀고 싶어 하는데, 어떻게 해야 할지 모르는 것 같아요. 늘 친구들에게 허락을 구하는 질문을 던져요. 마치 결정을 기다리는 것 같아요. 만약 친구들이 싫다고 하면 레오는 할 수 있는 게 없어요. 예전에 종이를 접어서 학교에 가져왔는데, 친구들이 정말 좋아했어요. 친구들이 서로 달라며 조르니 레오가 얼마나 좋았을까요? 하지만 전 좀 걱정이 되었어요. 상대방 마음을 읽기 전에 환심부터 사는 방법을 익히는 것 같아서요. 자라는 과정에서 다른 사람과 마음 나누는 법을 배우지 못하면 관계에 빨간불이 켜져요. 마음은 서로 읽고 나누는 것이지 물건처럼 살 수 있는 게 아니니까요."

선생님 말씀을 들으면서 레오가 한없이 가여웠다. 마음을 표현하지 못하고 친구들에게 묻기만 하는 아이, 친구들에게 환심을 사고 싶은 아이. 부모의 잘못된 문제해결 방법이 아이에게 상처를 주고 엉뚱한 방향을 향하게 만들었다. 부끄러웠다. 종이동물에 반 친구들의 관심이 시들해지자, 새로운 관심거리를 준비해야 하는지 불안에 떨었을 레오가 떠올랐다.

마음 읽기를 돕는 상담 및 서비스 프로그램

다행이라면 학교에는 아이들을 위한 다양한 소그룹 활동이 마련되어 있다. 마음 나누기를 어려워하는 학생들에게 일주일에 두세 차례 20분 정도 미팅을 진행한다. 상담선생님이 도우미로 참여하여 소그룹 내 학생들을 관찰한 뒤 각자에게 사용하면 좋은 말과 행동 등을 정리해 알려준다. 덕분에 레오도 개인 상담, 그룹 상담을 통해 상황별 대화를 익혀갔다. 상담선생님과 함께 레오가 학교생활 중에 겪은 다양한 상황을 예시 대화를 참고해가며 말과 행동을 바꿔보는 시간을 가졌다. 이를 통해 마음을 나누는 대화가 상황을 어떻게 바꿀 수 있는지 경험했다.

한 달에 한 번, 학부모 대상 티모임에서 이 주제로 이야기를 나눌 기회가 마련되었다. 내심 반가웠다. 함께 고민을 나눌 기회였기 때문이다. 이야기를 나눠보니, 초등학생 자녀를 둔 보호자 중에 비슷한 고민을 하는 사람이 예상외로 많았다. 친구들에게 신기한 학용품을 보여주고 부러움 사는 것을 즐기는 아이, 방과 후 친구들에게 간식을 자주 사주는 아이, 친구들에게 장난감을 잘 나누어주는 아이 등 잘못된 관계 맺기에 익숙한 아이들이 생각보다 많았다. 이런 모습은 한국에서도 심심치 않게 접할 수 있다. 일부 학생들은 값비싼 물건이나 선물 공세로 자신의 존재를 드러내는 것에 익숙해져 있었다. 평소에 친구가 없는 학생에게 선물을 주는 순간, 반짝 친구가 생기지만 실은 함께 마음을 나누는 친구 사귀기 방법은 아니다.

"레오에게는 더 많은 또래들과 놀이로 공감하는 시간이 필요할 것 같아요. 먼저 반 아이들과 더 많이 놀게 해준 것은 좋은 방법입니다. 아이들은 자신의 마음을 보여주면서 친구들 마음도 읽을 수 있어요. 그러려면 자주 놀이 시간을 가지면 좋아요. 서로 생각과 마음을 나누는 시간을 보내면서 친구 관계가 만들어져요. 모두와 친구를 맺지 않아도 좋아요. 같은 반 누군가를 친구라고 지칭하면 아이가 '걔는 친구 아닌데?'라고 할 때가 있죠? 그 말이 맞아요. 함께 놀면서 레오와 마음이 통하는 친구를 만나는 것이 중요해요."

다행히 친구들을 초대하여 함께 노는 시간을 보낸 것은 나름 효과가 있었다. 레오도 조금씩 친구와 마음을 나누는 방법을 익혀가고 있었다. 선생님은 레오가 했던 '닫힌 질문'은 훈육방식에서 기인한 것일 수 있다고 일러주었다. 인정할 수밖에 없었다. 레오가 잘못했을 때, 반성하는 모습을 보고자 호되게 야단을 쳤었다. 어른 말 잘 듣는 이른바 '착한 아이'를 만들려다가 마음도 못 나누고, 친구 관계도 맺지 못하는 아이가 된 것 같았다. 상담선생님과 함께 우리 부부의 훈육 습관도 다시 돌아봤다. "이것은 잘했고, 그것은 잘못했다"는 식의 이분법적 판단이 좋지 못한 영향을 미쳤다.

"어른들이 무섭게 대한다고 아이의 마음이 쉽게 달라지지 않아요. 아이의 마음을 움직이기 위해서는 마음으로 다가가야 합니다. 마음을 잘 읽고 쓸 수 있으면, 아이도 비로소 자유로워지고 생각하는 방식도 유연해져요. 그런 의미에서 아이 마음을 자주 읽어주세요. '얼굴 표정을 보니 오늘은 기분이 아주 좋구나' 등과 같이 판단 없이 사실에 입각한 공감 언어로 표현해주세요. 이런 경험을 통해 '이럴 때는 이렇게 표현하고 말하는 거구나' 하고 배울 수 있어요. 판단하지 않고 공감해주세요. 마음을 읽어주고 표현하면 자기 마음을 더 잘 표현하고, 친구의 마음도 잘 읽는 아이로 성장할 거예요."

교육 전문가들은 아이들의 대인관계 기술을 교육의 필수 요소로 보고 있다. 잘 형성된 대인관계 기술은 아이들의 환경 적응력을 높이고, 나아가 진로 선택에도 도움을 줄 수 있다고 한다.

공감 언어를 어렵게 생각할 필요는 없다. 《1밀리미터의 희망이라도》에서 박선영 작가는 책임감이라는 뜻을 가진 영어 단어 'responsibility'를 언급했다. 이 단어는 응답(response)과 능력(ability)이 결합했는데, 이 사실이 절묘하다고 했다. 육아서에 가장 빈번하게 등장하는 단어가 '반응하는(responsive)'이기 때문이다. 공감하려면 반응부터 해야 한다. 어른 중심이 아닌 아이 관점이어야 한다. 어른이 아니라는 이유로, 아이를 함부로 평가하고 판단할 권리가 어른에게는 없다. 아이가 잘 성장하도록 돕는 것이 어른의 책임이다. 공감 능력을 키우고, 공감 언어를 사용하는 것이 어른의 책임이다.

아이의 감정이 태도가 되지 않게
: 감정 수업

모든 감정을 존중할 때,
아이는 감정을 숨기지 않고 표현할 수 있다.

"나도 오늘 축… 축… 축…구공 있어. 같이 놀자."

"야, 쟤랑 놀지 말자. 말을 이상하게 반복해서 말해."

"아. 아… 아… 아…니거든."

'퍽!'

레오의 주먹이 친구의 배를 때렸다. 레오는 친구들이 놀이에 끼워주지 않자 기분이 몹시 상했고, 말투에 대한 놀림까지 받자 화를 참지 못하고 주먹을 날렸다. 사건(?) 직후, 레오는 수업을 제쳐두고 바로 상담 선생님에게 달려갔다. 그리고 울면서 자기가 무엇을 잘못했는지 이야기했다. 하지만 빠진 것이 있었다. 자신이 어떤 감정이었는지 말하지 않았다. 레오는 그저 잘못했다고 말하며 울다가 돌아왔다.

당시 담임선생님과 상담선생님이 레오의 생각과 연결된 감정을 잘 읽을 수 없다는 말을 했을 무렵이었다. 레오는 관계 맺기에 어려움을 겪으면서 단어를 한 번에 말하지 못하고 첫 음절을 반복하기 시작했다. '따돌림을 당했다'라는 생각은 종종 '상대가 자신을 기분 나쁘게 하려고 일부러 그랬다'로 연결되었다. 이는 기분이 나쁘다는 감정으로 연결되고, 때로는 주먹이 나오는 행동으로 이어졌다. 스스로 감정을 이해하고, 상대의 마음을 읽을 새도 없이 순식간에 일이 벌어졌다. 이렇게 레오의 감정(기분)은 태도가 되어 드러났다. 기분이 나쁘면 부적절한 행동으로 이어졌던 것이다. 이른바 '정서적 안정'이 부족했다. 정서적 안정은 인지 반응과 행동이 건강한 논리로 연결되어 있음을 의미한다. 그래서 화가 나도 돌발적 행동으로 반응하지 않는다. 어느 지인은 레오의 감정 조절을 위해 약을 먹이라는 조언을 건네기도 했지만 상담선생님은 달랐다. 레오에게 건강하게 생각하는 방식을 만들어주자고 제안했다. 선생님은 논리적으로 생각하는 방식을 배우면 감정이 돌발 행동으로 연결되지 않는다는 사실에 주목했다.

"아이의 태도가 못마땅하거나 호된 훈육을 하는 부모는 아이를 야단치기에 앞서 아이 감정이 건강하게 작동하고 있는지 점검해야 합니다. 생각이 감정을 만들고, 행동으로 이어지는 과정을 살피면 아이의 행동 개선에 큰 도움이 되거든요."

상담선생님의 제안은 뇌과학 교육법을 정리한 다니엘 시겔 박사의 이론에 근거를 두고 있었다. 아이 행동을 조절하려면 행동을 유도한 감정을 이해하고, 이 감정을 부른 생각을 읽는 것이 중요하다는 이론이다. 이에 레오의 생각, 감정, 행동으로 이어지는 일련의 과정을 살펴보기로 했다. 상담선생님은 자기 마음을 읽지 못하는 사람이 갑자기 화를 내는 경우가 많다고 했다.

"감정에 좋고 나쁨은 없어요. 그런데 레오는 화가 나쁜 감정이라고 생각해요. 하지만 화는 아주 자연스러운 감정인데 말이죠. 레오는 자기 감정을 표현하지 않으려고 애쓴 지 오래된 것 같아요. 레오가 감정을 드러냈을 때, 꾸중을 듣는 등 주변의 부정적인 반응을 겪어서 그럴 가능성이 커요. 그러다보니 다른 사람의 감정을 읽는 데도 어려움이 있었을 거예요."

감정에 옳고 그름이란 없다

상담선생님이 중요한 부분을 짚어주었다. 나와 남편은 레오에게 화내는 것은 나쁘다고 말하면서 더 크게 화를 냈다. 소리를 지르지 말라면서 더 크게 소리를 질렀다. 이 아이러니한 상황을 레오가 어떻게 받아들였을까? 레오에게 자주 "말을 듣지 않으면 나쁜 아이"라고 못을 박았다. 돌아보면 나도 착한 아이가 되려고, 화내는 나쁜 아이가 되지 않으려고 힘들었던 기억이 있다. 감정에 옳고 그름이 있다고 여겼던 것이다.

어렸을 때, 주변 어른들에게 울면 나약해 보인다고 참아야 한다는 말을 듣고 자랐다. 남에게 힘든 모습을 보이지 않아야 성공한다고 배웠다. 어른들은 화나 부끄러움, 슬픔 같은 부정적인 감정은 약한 감정이니 드러내지 말고 참으라고 가르쳤다. 남자 형제들은 남자라는 이유로 나보다 더 심하게 강요받았다. 남편도 그런 교육을 받고 자랐다. 우리 부부는 그렇게 자기감정을 대접해주지 못한 채 자랐다. 두 아이에게도 어떤 감정은 '나쁜 감정'이라며 드러내지 말라고 가르쳤다. 아마 레오의 뇌 속에는 감정은 좋은 것과 나쁜 것으로 구분되어 있었을 것이다. 감정의 다양한 스펙트럼을 알지 못한 채 말이다. 생각해보면 레오가 화가 많은 자신을 책망하고 힘들었다면, 제이는 감정을 숨기는 '착한' 아이에 가까웠다. 영화 <인사이드 아웃>에서처럼 기쁨이, 슬픔이, 버럭이, 까칠이, 소심이가 함께 있어야 마음이 건강할 수 있다는 것을 나중에야 깨달았다.

아이의 속마음을 꺼내는 훈련

레오의 생각과 연결된 감정을 읽으니 비로소 아이 행동이 이해되기 시작했다. 새로운 접근이 필요했다. 감정이 태도가 되지 않게 하려면, 행동을 교정하기보다 자기감정을 읽고, 상대의 마음도 읽고 생각하는 훈련이 필요했다. 이것이 바로 감정 수업이다. 선생님들은 레오의 감정 수업을 위해 이해하기 쉽고 사용이 간단한 도구를 선택했다. 감정과 관련 책, 인터넷으로 찾을 수 있는 감정 그림이나 카드 등 주변에서 쉽게 구할 수 있는 것들이다. 레오의 감정 수업에는 여러 상황을 연습하는 데 도움이 되는 심리 그림책을 사용했다. 그림책을 통하여 다양한 감정을 표현하는 법을 익혔다. 오디오북도 함께 활용했다. 상담선생님은 문화적으로 다양한 태도와 표현을 고려하여 한국어(모국어) 책도 활용하도록 했다.[06] 이렇게 책을 통하여 배운 어휘를 일상에서 자주 꺼내 사용했다. 가족이 모인 식탁대화 시간에 레오는 자신이 느 낀 감정을 자유롭게 표현하기 시작했다.

감정 수업은 레오에게 많은 변화를 가져왔다. 레오는 사실(facts)과 믿 음이 다를 수 있음을 깨달았다. 감정에 대한 다양한 표현을 익히자 이 전보다 자신은 물론 상대의 마음을 읽고 공감하기 한결 쉬워졌다. 친 구 관계에서도 차츰 자신감을 찾았다. 레오와 함께 감정 수업에 참여 한 대부분의 학생들이 자신의 마음을 정확하게 표현하는 방법을 습득 해갔다. 덕분에 친구들과의 다툼이 현저히 줄었다. 학생들은 자신의 감정 표현뿐 아니라, 상대 입장에서 공감도 필요하다는 것을 알게 되 었다. 그래서 레오는 행동하기 전에 상대 입장에서 생각하는 시간을 가지면서 돌발 행동도 크게 줄었다. 처음 만나는 친구에게 먼저 다가 가 말을 건넬 정도로 자신을 솔직하게 표현하는 여유도 생겼다. 서로 의 마음을 이해하고 공감하는 태도가 아이들의 표정을 밝게 만들어주 었다. 감정 수업은 대성공이었다.

06　다양한 감정을 설명하는 《아홉 살 마음 사전》(박성우 지음/창비 펴냄)시리즈를 택했고, 큰 도움을 받았다.

좋고 나쁜 감정이 따로 있을까?

나쁜 감정, 좋은 감정이란 없어요.

우울, 슬픔, 분노 등 모든 감정을 존중해줄 때

아이는 자기감정을 숨기지 않고 표현할 수 있어요.

감각을 깨우며 마음을 키우기
: 회복탄력성 수업

다양한 감각으로 마음을 키운 아이는
힘든 상황에서도 쉽게 포기하지 않는다.

"와~ 씨, 이제 엄마한테 죽었다. 살기 싫어."

제이가 한국에서 학교에 다닐 때 일이다. 반 친구들 중 일부는 시험에서 90점 이상을 받고도 혼날 걱정부터 했다. 당시 75점을 받은 제이는 태연하게 주말에 가족과 놀러 갈 계획을 이야기했고, 친구들은 그런 제이를 부러움과 호기심으로 바라봤다. 제이는 친구들 사이에서 성적 때문에 혼나지 않는 아이로 통했다. 부모에게 높은 점수를 강요당하지 않고, 남들과 비교하지 않는 집안 분위기, 놀이를 즐길 수 있는 자유를 친구들은 부러워했다. 제이는 시험만 보면 집에 가기 싫다는 친구들을 안타까워했다.

"엄마, 시험을 보고 부족한 부분을 알았으면, 더 노력해서 채우면 되는 거 아니야?"

그 무렵 제이가 학교에서 심리적성 검사를 받았다. 나는 검사 결과에서 '회복탄력성' 부분을 유심히 살폈다. 그 점수가 다른 친구들보다 월등히 높아서 선생님들 사이에 제이가 어떤 학생인지 궁금해했다는 이야기를 전해 듣기도 했다. 회복탄력성은 삶의 다양한 역경과 시련, 실패에 대해 긍정적으로 생각하고, 이를 도약의 발판으로 삼는 마음의 힘을 의미한다. 쉽게 말하자면 마음의 면역력이다. 회복탄력성은 자기조절력뿐 아니라 대인관계 능력, 수용성 등과 밀접하게 연결되어 있다. 레오는 마음 문제로 가족, 친구들과 마찰을 겪었는데 제이는 달랐다. 같은 방식으로 양육을 했어도 둘은 확연히 달랐다. 제이는 스트레스를 받거나 마음에 문제가 생겨도 레오처럼 심하게 감정적이거나 극단적으로 반응하지 않았다. 스스로 문제를 해결하려는 자기만의 노하우도 있었다. 물론 힘든 문제를 함께 나누고 싶어 하지 않아서 걱정은 했지만 그런대로 잘 적응해갔다. 제이의 이런 높은 회복탄력성은 영국 공립 초등학교에서 제공하는 감각 수업에서 비롯된 것이다.

감각을 중시하는 영국의 수업

영국 학교는 많은 수업들이 보고 듣고 만지고 느끼는 감각을 중시한다. 감각은 감정이나 의지, 생각을 일으키는 것과 밀접하게 연결되어 있다. 학생들은 놀이처럼 몸의 감각을 익히고, 그 감각과 연결된 마음을 표현하는 수업을 받는다. 7살부터 10살까지 3년 동안 영국에서 초등학교를 다닌 제이는 이런 수업 덕분에 몸의 감각이 섬세하게 열려 있다. 하지만 당시 나는 감각과 마음을 깨우는 수업의 가치를 잘 알지 못했다. 그러다 레오를 위한 프로그램을 만들면서 제이가 예전에 받았던 감각 수업을 새롭게 바라보게 되었다.

"차가운 물이 신발에 차 있는데도 기분이 나쁘지 않아요. 찰랑찰랑 차 있는 게 포근해요."

"투두둑… 머리에 떨어지는데 재미있는 소리가 나요."

"빗방울이 발가락을 간질이는 게 즐거워요. 이미 젖었으니 친구가 물을 튀겨도 좋아요."

각자의 느낌을 소리로, 단어로 표현하는 글쓰기 수업 중에 나온 아이들의 표현이다. 온몸으로 비를 맞으며 우산 없이 나가서 장화에 빗물을 채운 학생들이 저마다 느낌을 자유롭게 이야기했다. 영국은 이슬비가 자주 내려서 비와 관련한 패션 아이템이 많다. 큰 장화, 목 짧은 장화, 빗물에 미끄러지지 않는 슬리퍼, 짧은 비옷, 긴 비옷, 방수 모자 등 학생들은 다양한 아이템을 장착하고 학교에 온다. 모두들 자기만의 감각과 느낌으로 빗물을 즐기고, 선생님은 그 느낌을 묻고 아이들은 글쓰기로 답한다.

사회 수업에는 가장 앉고 싶은 돗자리를 차지하는 게임도 있었다. 아이들이 가져온 개성 만점의 돗자리들이 학교 운동장에 가득 펼쳐졌다. 그런데 유독 돗자리 하나가 관심을 끌었고, 학생들은 어떻게든 앉고 싶어 했다. 선생님이 그 이유를 물었다.

"알록달록해서 저랑 잘 어울려요. 여기 앉으면 제가 더 돋보여요."

"말랑말랑하고 폭신폭신한 느낌이 특별해서 좋아요."

"제 것과 달리 부드러워서 벌레도 못 오를 것 같아요. 그들에게는 너무 미끄러워서요."

그런데 일(?)이 벌어졌다. 인기 많은 돗자리에 한 학생이 흙을 뿌렸던 것이다. 독차지하고 싶은 욕심 때문이었다. 하나둘 학생들이 더러워진 돗자리를 떠나자, 돗자리를 독차지한 학생도 시무룩해졌다. 그 사이 다른 돗자리로 관심이 옮겨갔다. 책과 꽃으로 장식한 돗자리에 학생들이 몰려들었다. 선생님은 다시 어떤 돗자리를 좋아하고, 싫어하는지 물었다.

"예쁜 돗자리에 앉으면 기분이 좋아져요. 특히 좋아하는 친구랑 앉으면 더 즐거워요."

"돗자리가 더러우면 기분이 좋지 않아요. 무엇보다 돗자리를 그렇게 만든 친구와 같이 앉고 싶지 않아요. 그래서 자리를 옮겼어요."

"함께 아이디어를 내서 친구들이 좋아하는 돗자리를 만드니까 마음이 뿌듯해요."

돗자리가 좋은 이유는 저마다 달랐다. 그렇게 돗자리의 가치가 사람에 따라 어떻게 달라질 수 있는지 경험하고 생각해보는 수업이었다. 추상개념을 이해하기 어려운 저학년 학생들에게 수업은 직접 온몸으로 감각하고 느낌을 표현하도록 진행되었다.

감각 경험이 살아 있는 수업

전문가들에 따르면 어린 시절의 감각은 전적으로 놀이와 여가라는 경험자극에 의하여 발달한다. 이러한 자극을 통하여 사물이나 이치를 이해하고 통합적인 사고가 가능해진다. 또, 문제를 파악하고 문제 이전의 상황으로 돌아가려는 회복탄력성이 길러진다. 감각을 깨우고 놀이처럼 배우는 영국의 수업이 제이의 회복탄력성을 높이는 데 큰 원동력이었다.

지금 두 아이가 다니는 학교에서도 감각을 동원한 수업을 적극적으로 진행하고 있다. 이런 수업에 대해 학구열 높은 부모들은 '수업 시간에 항상 논다'는 곱지 않은 시선을 보내기도 한다. 특히 한국인 학부모의 상당수는 이런 수업은 진정한 배움이 아니라고 생각한다. 정말 그럴까?

코로나 팬데믹 이후 학교 문이 닫히고, 학생들이 집에 머무는 시간이 길어지자 놀이가 사라졌다. 한국교육개발원이 실시한 '2020 학생역량지수' 평가에서 초등학교 6학년과 중학교 3학년의 학업능력이 크게 추락한 것으로 나타났다. 조사는 학교에서 수업은 물론 놀이를 못하게 되자, 부정적인 자기인식과 표현이 늘었고, 자기관리 능력도 심각히 낮아졌다고 지적했다.[07] 한국 교육의 현실은 놀이를 배움으로 받아들이거나 인정하지 않는다. 하지만 내가 제이와 레오를 통하여 경험한 진짜 교육은 너무 달랐다.

감각은 죽이고 논리적이고 수리적인 사고방식만 키우는 교육을 어

---

07 세계일보, 2021년 3월, <초6중3 학생역량 추락, 코로나발 학력 저하 현실화>

떻게 바라봐야 할까? 감각 경험, 놀이가 사라진 현실을 부모들은 얼마나 심각하게 생각하고 있을까? 아마 상당수는 그런 고민을 진지하게 해본 적이 없을 것이다. 놀이는 어린아이들에게만 필요한 것이 아니다. 다양한 자극을 감각하는 경험이 줄어들거나 사라지면 아이들의 배움은 크게 위축될 것이다. 말랑말랑했던 몸과 마음도 화석처럼 딱딱해질 수 있다. 그런 경향이 강해질수록 조금만 힘든 일을 만나면 쉽게 포기하거나 상처도 잘 회복되지 않는다. 회복탄력성이 떨어지는 것이다.

아동문학가 이오덕 선생님은 감각과 마음을 깨우는 놀이가 곧 공부라고 강조했다. 시를 통해 감각을 깨우라는 이오덕 선생님의 말씀은 고등학생인 제이의 영어 수업에서도 자주 듣는다. 감각과 마음을 깨우는 시 놀이는 영어 수업의 오랜 주제다. 주변을 섬세하게 감각하고 마음을 살피며 시를 쓰는 시간은 놀이이자 살아 있는 배움이다. 마음의 감각은 자유로운 분위기에서 태어난다. 아이 스스로 자유롭고 즐겁다고 느낄 때, 마음은 꿈틀대고 살아날 수 있다.

2017년, 영국 웨일즈에서 5~12세에 속하는 5천여 명의 아이들을 대상으로 놀이 실태를 조사·발표했다. 응답자 중 76%가 매일 혹은 매주 2~3일 정도 친구들과 밖에서 놀고 있으며, 73%는 충분히 놀이 시간을 즐기고 있다고 답했다. 한국의 결과는 이와 달랐다. 초등학생은 게임, TV·영상 시청에 이어 친구들과 놀이 시간을 즐긴다는 응답은 세 번째로 나왔다. 중학생도 TV·영상 시청, 게임에 이어 세 번째가 친구들과 놀이 시간이었다.[08] 고교생은 여가 대부분을 미디어 사용에 할애하고, 신체 활동에 가장 적은 시간을 보내는 것으로 나타났다.[09]

경제협력개발기구(OECD) 22개국을 대상으로 청소년들의 행복지수를 조사해보니, 우리나라 청소년은 20위로 거의 밑바닥 수준이었다.[10] 자유로운 놀이 시간과 여가 활동의 부족이 가장 큰 요인으로 지목되었다.[11] 학업 부담 때문에 신나게 즐기고 감각을 동원하여 탐색하는 놀이 시간이 사라졌다. 놀이와 함께 행복감이 사라졌다는 사실을 우리는 심각하게 받아들여야 한다. 놀이는 창의성, 행복감, 정신적 웰빙과 융통성, 자발성, 회복탄력성의 근간이다.[12] 하지만 어른들은 모른다. 자녀를 사랑한다면서 감각을 죽이고, 마음을 병들게 한다. 이미 감각이 죽은 어른들이 자녀의 감각까지도 죽이고 있는 것은 아닐까.

08 정은주, 2014

09 문화체육관광부 조사, 2014

10 한겨레, 2019년 5월, <아이들 '주관적 행복지수' OECD 꼴찌 수준…언제쯤 오를까?>

11 김명순, <아동의 놀이할 권리보장을 위한 정책과제>

12 김명순, <아동의 놀이할 권리보장을 위한 정책과제> Lester & Russell(2008)의 원문 재인용

아이의 감각을 어떻게 깨워줄까?

감각이 살아날수록 마음도 자라나요.

일상에서 아이들의 감각을 가능한 자주 깨우면 어떨까요?

경험한 감각이나 기분, 느낌을 글이나 그림으로 표현하게 해주세요.

불안에 살며시 귀 기울이기
: 불안 수업

산만한 아이를 혼낸다고 달라지지 않는다.
아이의 불안부터 읽고 달래주어야 한다.

레오는 밤에 잠을 잘 이루지 못했다. 잠을 재워도 한밤중에 울면서 안 방으로 찾아오는 일이 잦았다. 게다가 레오가 감정을 읽고 표현하자, 자신의 불안한 감정들과 대면하고 이를 문제 삼기 시작했다.

"잠을 잘 수가 없어. 엄마, OO가 나를 자꾸 불안하게 만들어. 지금도 걔 생각을 멈출 수가 없어. 내가 하지 않은 일을 했다며 친구들이 날 오해하게 만들었어. 자꾸 이런 일이 반복되면 힘들어. 나 어떻게 해? 정말 불안해⋯."

"레오 얼른 자야 하는데⋯ 속상하겠다. OO에게 네 생각과 감정을 설명해봤니?"

"부탁해봤지만 소용이 없어. 내일도 그럴 거야. 걔는 나를 싫어하니까. 만약 그 애 때문에 다른 사람들이 날 믿지 않으면 어쩌지? 만약 내 친한 친구들도 그 애와 같은 생각이라면 어떻게 해?"

"반드시 그렇지는 않을 거야. 너무 걱정하지 말고 좀 지켜보자."

"정말 끔찍해. 난 이제 친구들을 잃게 될 거야…."

유치원을 다닌 이후부터 3년 동안 레오는 걱정과 불평을 달고 살았다. 이래서 어렵고 저래서 힘들고, 그래서 무섭다는 레오를 어르고 달래도 오래가지 않았다. 잠시 좋아졌다가도 이내 걱정 많은 모습으로 돌아갔다.

그러다가 부모교육 워크숍에 참석해서 실마리를 찾았다. 그동안 우리 부부가 생각했던 그 수많은 레오의 핑계를 선생님들은 '불안'이라고 읽었다. 태도나 성격의 문제가 아니라 불안한 마음이 진짜 문제였다. 선생님의 말씀을 듣고 그제야 우리 부부는 레오의 불안과 마주할 수 있었다.

아이가 보내는 불안의 신호들

상담선생님의 권유로 불안을 다루는 워크숍에 참석했다. 소아과 의사, 아동심리 전문가, 심리치료사, 상담선생님 등 10여 명의 전문가가 참가한 워크숍이었다. 이번 워크숍은 3차에 걸쳐 다루어졌는데, 워크숍이 끝난 뒤에도 학부모들이 자신의 경험을 공유하느라 열기가 식을 줄 몰랐다.

자녀의 불안 심리에 대한 관심이 그만큼 크다는 방증이었다. 워크숍에 참여하면서 나는 아이의 불안을 다시 바라보게 되었다. 그동안 레오의 성격과 태도라고 생각했던 행동들이 불안의 다른 모습이라는 것을 알게 되었다. 불안을 다루는 부모들의 태도에 관한 다큐멘터리도 보면서 보호자가 자녀의 불안을 어떻게 대응하고 있는지도 엿보았다. "산만하고 공격적인 아이의 불안은 태도 문제가 아닙니다. 아이들에게 불평이 많다고 느꼈나요? 아이의 공격성이 문제인가요? 산만해서 공부에 집중하지 못하는 것이 큰 걱정인가요? 지금까지 이를 자녀 성격이나 태도로 봤다면 부모와 자녀 모두에게 힘든 시간이었을 거예요. 타이르고 화낸다고 달라지지 않아요. 자녀가 더 아플 뿐이지요. 이건 명백히 감정의 문제예요. 고쳐야 하는 것이 아니라 도와야 합니다. 무엇이 자녀의 마음을 불안하게 만드는지, 언제 어떤 상황에서 더 불안을 느끼는지 찾아내야 자녀가 불안에서 벗어나 편안해질 수 있어요."

레오가 묻는 대부분의 질문에는 '만약에 무슨 일이 생기면 어떻게 할까?'라는 걱정이 담겨 있었는데, 왜 그걸 몰랐을까? 레오는 불안해서 더 흥분하고 화를 냈던 것이다. 겁이 나서 얼어버리거나 물러서거나 혹은 도망쳤던 것이다. 그 기저에 숨어 있던 불안을 몰랐기에 그동안 레오의 태도를 문제 삼고, 성격과 기질을 탓했다. 부모로서 무심하고 무지했다.

"감정은 전염이 잘 됩니다. 불안도 주변에 쉽게 전파됩니다. 누군가 슬프게 울면 나도 눈물이 날 것 같은 동요를 느낀 적 있지요? 네, 그런 겁니다. 그런데 불안이 항상 나쁜 것은 아닙니다. 우리 뇌는 누구나 불안을 느끼면 안심할 수 있는 곳으로 몸을 피하거나 상황을 돌리려는 선택을 합니다. 불안이 사람을 지켜내기도 해요. 불안은 자기를 보호하기도 하지만, 지나치면 통제 불가능한 상황에 빠지게도 만듭니다. 불안을 민감하게 자주 느끼는 사람에게는 불안이 크기만 달라질 뿐 언제 어디서든 나타납니다."

이날 전문가들은 주변에 불안을 자극하는 사람이 있거나, 긴장되는 상황에 자주 노출되면 병적 불안 상태까지 갈 수 있다고 경고했다. 불안을 느꼈던 과거의 느낌, 상황, 몸의 기억까지 모두 되살아나 불안을 키운다고 했다. 바로 트라우마가 그런 것이다.

"누군가를 만날 때마다 혹은 시험을 볼 때마다 자녀가 긴장하고 불안이 커지면 식은땀을 흘리고, 배나 머리도 아픕니다. 이것은 불안이 보내는 알람 신호에요. '큰일 났어, 불안이야, 조심해!' 이런 상황이 지속되거나 반복된다고 생각해보세요. 자녀는 더 깊은 불안에 빠지고, 스스로 조절하기도 어려울 겁니다. 그럼 스스로 불안을 만들었던 일이나 상황에 대해 거리를 두기 시작해요. 불안이 커지면 흔히 공격성을 보이거나 공포를 느껴서 도망치거나 몸이 그대로 얼어붙는 상태가 바로 그런 경우입니다. 일상에서 자주 투쟁적이거나 회피 반응을 보이는 자녀가 있다면, 사실은 불안을 겪고 있어서 두려움이 많은 상태입니다. 그래서 도움이 필요하다는 신호를 보이는 겁니다. 일부러 그런게 아닙니다. 혼낸다고 달라지지 않아요. 불안을 억압하면 상황이 더 악화될 뿐이죠."

레오의 지난 시간이 빠르게 스쳐 지나갔다. 불안이 잠식한 탓에 잠을 깊이 자지 못하고, 두통이나 복통을 자주 호소한 것이다. 수업 시간에 모르는 것을 들키기 싫어서 불필요한 농담으로 수업 분위기를 흐리거나, 과장된 몸짓으로 주위 사람들의 집중을 방해했다. 레오는 자기 존재감이 사라지는 것을 불안해했다.

친구 관계에서도 문제가 생기면 쉽게 흥분하거나 힘을 조절하지 못해 큰 다툼으로 번졌다. 집에 돌아오면, 잠시 불안에서 벗어나 기분이 좋았다가 금세 다시 불안해했다. 그런 마음으로 저녁을 보내니 어둠을 견디기 힘들어했고, 잠을 잘 자지 못했다. 어둠이 무서워 영화관에도 가지 못했다. 레오는 온몸으로 불안을 말하고 있었는데, 엄마인 나는 그걸 몰랐다.

아이의 불안을 잠재우는 방법

그럼, 아이의 불안을 어떻게 다루어야 할까? 먼저 불안의 징조를 알아차려야 한다. 심장이 뛰기 시작하거나 열이 오르거나, 혹은 식은땀이 날 때가 그렇다. 뇌에 불안이 잠식하면서 긴장하기 시작한다. 이때는 손 씻기, 물 마시기, 심호흡 등이 도움이 된다. 이렇게 불안에 잠식된 뇌를 신체 활동으로 어느 정도 진정시킬 수 있다. 이보다 심하다면 다양한 방식으로 불안을 다루면서 자기에게 맞는 방식을 찾아야 한다. 우선, 감각을 이용한 방법이 있다. 자기가 좋아하는 향을 내뿜는 향초를 피우거나, 따뜻하고 말랑말랑한 물체를 쥐거나, 차가운 얼음조각을 만져도 좋다. 기분이 좋아지는 이미지나 동영상을 보거나 음악을 듣는 것도 좋은 방법이다.

레오에게는 심호흡과 함께 시각을 활용하는 방법이 효과적이었다. 레오는 불안을 감지하면 심호흡을 시작한다. 손바닥을 펴서 시선을 손가락 끝에 고정하고, 몸을 움직이지 않고 시선만 움직여 주변을 보다가 손가락 끝을 보는 것을 반복한다. 이때 심호흡을 계속하다 보면 불안이 어느 정도 진정되었다. 시각을 활용한 방법으로 그림 카드가 한몫했다. 동물을 좋아하고 시각이 예민한 레오를 위해 귀여운 판다 그림을 늘 들고 다니도록 미니북을 만들었다. 학교에서 불안이 찾아오면 잠시 다른 사람들의 방해를 받지 않는 공간에서 미니북을 들춰보도록 했다.

불안이라는 감정이 무엇인지 이해하고, 그 실체를 파악하는 수업은 효과가 있었다. 불안이 어디서 왔는지 가족의 일상을 돌아보며 문제 해결의 실마리를 찾아갔다. 정해진 일을 시간 내에 해결하라고 채근하는 남편의 말, 수시로 주변을 치우는 나의 습관, 늦는 것을 싫어하는 제이의 성격 등에서 레오는 불안을 느끼고 있었다. 우리 가족은 각자가 어떤 지점에서 불안을 자극하고 있으며, 그렇다면 어떻게 불필요한 불안을 피할 수 있는지 수시로 대화를 나눴다. 그 덕분에 레오의 불안이 현저히 줄어들었다. 다만 수면 문제는 금방 해결되지 않았고, 상담선생님과 이 문제를 상의하여 잠을 방해하는 불안을 줄이기 위해 여러 시도를 해야만 했다. 예를 들어, 어둠을 무서워하는 레오를 위해 영화관 구경을 여러 번 반복했다. 유사 불안에 조금씩 노출하면서 불안을 줄이는 방식이었다. 레오는 어둠이 자신을 해치지 않는다는 사실을 확인하고 조금씩 긴장을 풀었다. 그리고 마침내 영화 관람에도 성공했다. 친구 생일잔치에 친구들과 영화관에서 영화를 처음부터 끝까지 보았다. 레오 스스로도 뿌듯해했다. 그날 잠들기 전, 작은 등을 켜고 레오가 좋아하는 이야기로 긴장을 풀어주었다. 그렇게 조금씩 수면 문제도 해결되었다. 불안을 다룬 덕분에 학교생활이 편안해지고, 수업 태도도 몰라보게 좋아졌다.

선생님과의 협력이 중요하다

레오의 불안을 다루는 데 주변의 도움이 컸다. 아이와 대부분의 시간을 보내는 당사자가 바로 선생님과 아이들이기 때문이다. 불안을 다루는 테라피스트를 만나 문제를 빨리 파악하고, 레오에게 맞는 적절한 시도를 할 수 있었다. 만약 레오처럼 불안이 일상을 방해하는 심각한 상황이라면 반드시 전문가를 찾아가 도움을 얻으라고 권하고 싶다. 학교 선생님의 관찰과 협력도 매우 요긴했다. 이전에 레오는 수업에서 익숙한 주제가 나오면 활발하게 참여했으나, 모르거나 어려운 주제가 나오면 입을 다물고 주변만 살폈다. 그러다 큰 소리로 주의를 끌거나 주위를 방해하곤 했다. 모든 것을 잘하고 싶어하는 레오의 기질 때문에 모르거나 서툰 것이 나올 때마다 불안해했고, 그래서 주변을 방해하는 행동을 초래한 것이다.

내가 집에서 레오의 불안을 낮추려고 노력했다면, 선생님들은 레오의 수업 시간을 관찰하면서 도움을 주었다. 선생님은 레오가 수업에서 주의가 산만해지거나 지루함을 보이면, "무슨 말인지 잘 모르겠어요/

어려워요"라는 의미로 여기고, 보조 선생님을 통해 이해 여부를 슬쩍 확인한 후 보충 설명을 해주는 방식으로 적절한 도움을 제공했다. 또, 레오가 수업 시간에 '친구들이 모른다고 놀리면 어쩌지? 내가 실수하면 어쩌지?'와 같은 불안의 기운을 보이면 담임선생님은 그때마다 의자 팔걸이, 책상 발판 등을 활용하여 레오가 몸을 쓰도록 했다. 의자 손잡이에 팔을 걸고 몸을 잠시 들어 올리거나, 책상 아래 고무 밴드 발판을 발로 밀어 올리거나 내리는 등 동작을 하면서 필요 없는 에너지를 발산하게 했다. 이 과정에서 불안이 가라앉았고, 수업 중에 과도하게 힘을 주거나 더 깊은 불안으로 빠지는 상황에서 벗어날 수 있었다. 담임선생님과 상담선생님은 반 친구들에게도 레오의 불안을 적절한 방식으로 설명해주었다. 몇몇 아이들은 자신들도 그렇다며 선생님께 동의를 얻어 레오와 함께 몸 풀기 스트레칭에 동참했다. 그렇게 불안하고 지루했던 수업 시간도 조금씩 재미있는 시간으로 변해갔다.

잘못된 선택을 돌아보기
: 자기조절 수업

자신의 행동을 돌아볼 수 있다면
아이는 더 나은 선택을 할 수 있다.

레오가 친구와 싸우고 집에 왔다. 참고 참다가 맞는 싸움이 몇 차례 반복되고 있었다. 이유를 물어보니, 레오는 그동안 최대한 참았다고 했다. 한국에서 유치원을 다닐 때, 몇 차례 친구를 때렸다가 크게 혼났던 경험 때문이다. 그런데 곁에서 듣던 남편이 폭발했다.

"아빠가 다 책임질게. 참지 말고 때려. 나 어릴 때도 그랬어. 남자애들은 힘이 약해 보이는 애들한테 더 그래."

남편은 레오에게 전의를 불어넣었다. 나는 할 말을 잃었다. 역시나 다음 날 학교에서 전화가 왔다. 교장선생님이 직접 면담을 요청해온 것이다. 레오가 남편의 말대로 친구들에게 본때를 보여준 것이다. 약속을 정했지만 머릿속이 복잡했다. 심장은 빠르게 뛰었다. 다시 어둡고

긴 터널로 들어가는 것 같았다. 무겁게 눌린 마음 탓에 교장실로 가는 동안 선생님들이 건네는 가벼운 인사조차 부담스레 느껴졌다.

"죄송합니다. 그게….."

"괜찮습니다. 우리 모두 레오를 도와주기 위해 모인 거예요."

"레오가 그러더군요. 자기는 나쁜 아이라고….."

"많이 힘들었을 거예요. 나쁜 아이는 없어요. 단지 선택이 좋지 못했던 거죠."

교장선생님과 면담은 사실 좋지 않은 신호다. 계속 문제를 일으키면 학교에 다니기 곤란하다는 말이 나올 것 같았다. 그런데 레오가 선택을 잘못했다니, 예상하지 못한 말이었다.

"선생님들과 이야기를 나눴는데, 레오가 많이 불안해하는 것 같아요. 아시다시피, 불안한 감정은 종종 싸움으로 나타나는 경우가 많아요. 레오의 선택이 잘못됐다는 사실보다 중요한 것이 있어요. 다음에 레오가 옳은 선택을 하도록 돕는 것이죠. 그래서 오늘 우리가 모인 거예요. 레오가 옳은 선택을 할 수 있도록 한번 자기조절지도를 만들어보면 어떨까요?"

자기조절지도란 자녀의 생각과 행동을 기록하고, 이를 바탕으로 문제행동을 바꾸도록 돕는 도구다. 학교는 문제행동을 저지른 학생의 생각과 행동을 교정하고자 이것을 활용한다. 그날부터 집과 학교에서 레오의 행동을 살피고 기록을 시작했다. 레오의 감정과 행동, 그 행동이 만든 결과를 한눈에 점검하기 위해 자기조절지도를 만들었다. 녹색(안전), 주황색(주의), 붉은색(위험)의 신호등과 색상을 넣어 감정변화를 쉽게 알아볼 수 있도록 했다.[13] 찬찬히 살펴보니, 문제행동이 어떤 결과로 이어지는지 명확하게 드러났다.

"OO랑 OO 때문에 내가 겁이 났어. 저번처럼 같이 나를 때릴까봐. 나한테 무섭게 달려오니까 나를 때리려고 오는 줄 알고 내가 먼저 때렸어."

<레오의 자기조절지도>

언제/어디서	마음(이유/상황)	선택한 행동	행동의 결과	비고
아침 쉬는 시간 /운동장	기분이 좋지 않음 /짜증남 (아침에 엄마한테 꾸중을 들음) 주황색(주의)	귀찮게 따라오는 친구를 발로참 붉은색(위험)	친구와 싸움, 다른친구들도 불편해 함 붉은색(위험)	다시 생각해도 기분 나빠요.
수업시간 /교실	화가남(친구가 괴롭힘) 주황색(주의)	참다가 한 대 때림 붉은색(위험)	친구와 싸우고 선생님께 혼남 붉은색(위험)	자꾸 이런 상황이 생길 때는 어떻게 해요?
점심시간 /식당	짜증남 (다시 친구들과 놀고 싶음) 주황색(주의)	친구들에게 놀고싶다고 말함 녹색(안전)	다시 친구들과 어울림 / 기분 좋음 녹색(안전)	
수업시간 /교실	친구가 계속 귀찮게 함 (내 영역에 침범함) 주황색(주의)	선생님께 도움을 요청함 녹색(안전)	싸움이 일어나지 않음 /시간이 지나 마음이 가라앉음 녹색(안전)	스스로 뿌듯해요.

---

13   각 색상은 긍정적인 감정, 부정적인 감정을 나타내는 상징이며, 부정적인 감정 표현이 꼭 나쁘다는 의미를 내포하지는 않는다.

레오는 당시 상황과 감정을 자세히 표현하려고 애썼다. 어느 정도 자신의 감정을 표현할 수 있어서 '경험을 다시 쓰는' 시도는 어렵지 않았다. 그래서 우리 부부와 선생님은 전보다 수월하게 레오의 마음을 읽고 이해할 수 있었다.

레오의 자기조절지도를 점검하면서 담임선생님, 상담선생님과 함께 수시로 상의했다. 레오가 적절한 선택을 할 수 있도록 도움을 주기 위해서였다. 자기조절지도에서 기분과 행동이 빨간색이고, 결과도 빨간색으로 나타나면 레오와 이야기를 나누었다. 빨간색으로 이어진 과정을 아이와 함께 살피면서 결과가 주황색이나 초록색으로 바뀔 수 있도록 조심스레 유도했다.

"레오의 마음이 불편했겠네. 그런데 화를 내고 친구를 때리니까 상황이 어떻게 되었지?"

"걔가 아파서 울었어요."

"그때, 레오 기분은 어땠어?"

"좋지 않아요. 다른 애들도 나를 피하는 것 같아서 좀 힘들었어요."

"레오도 불편했구나. 그럼, 다른 선택은 뭐가 있을까?"

"친구가 괴롭힐 때, 그 자리를 떠나거나 선생님께 도와달라고 말하는 거요."

"그것도 좋은 방법이겠다."

레오의 잘못된 선택이 만든 빨간색을 주황색이나 녹색으로 바꾸려는 노력이 계속되었다. 상담선생님은 레오가 상황별로 나은 선택을 하도록 이해를 도와주며 결과를 설명했다. 긍정적인 행동으로 바꾸는 연습은 문제 상황과 그 결과를 재현하면서 진행되었다. 거의 매일 레오와 그날의 자기조절지도를 보면서 십오 분 정도 이야기를 나누었다. 이런 노력이 레오의 행동을 조금씩 바꿔나갔다. 자기조절지도를 활용한 지 한 달가량 지나자, 놀랍게도 초록색 영역이 눈에 띄게 늘어났다. 레오가 직접 낸 문제해결 아이디어도 하나둘 많아졌다. 자신의 선택과 행동을 돌아보면서 더 나은 선택을 연습한 덕분이었다.

폭력의 경험을 돌아보고 다시 쓰는 것은 (훈육을 가장한) 더 엄한 폭력으로 행동을 제어하는 방식보다 효과가 크다. 여전히 "무서운 사람이 없어서 아이가 말을 듣지 않는다"고 생각하는 보호자들이 많다. 하지만 기억해야 할 점이 있다. 폭력은 감정을 표현하는 올바른 방법을 몰라서 빚어질 가능성이 크다. 교육 전문가들은 문제행동을 하는 아이는 자라면서 보고 듣고, 몸에 익은 대로 행동했을 가능성이 크다고 지적한다. 또, 힘이나 폭력으로 하는 훈육은 육체적, 심리적으로 자녀를 더 위축시킬 수 있으며, 앞으로 다른 사람에게 위협적인 행동을 가할 가능성이 높다고 경고한다. 이럴 때 자기조절지도를 작성하면 이전의 행동을 긍정적인 경험으로 안전하게 전환할 수 있다.

"아무리 센 바람이 불어도 나그네 옷을 벗길 수 없는 것처럼 나그네가 스스로 옷을 벗도록 하려면 햇빛의 지혜가 필요하죠. 즉, 아이 스스로 실천할 수 있는 지혜로운 방법을 찾아야 해요. 그러려면 자신의 행동을 돌아보면서 비난을 받지 않는 안전한 시간이 주어져야 해요. 객관적으로 상황을 이해하고, 새로운 선택을 할 수 있도록 긍정적인 경험도 필요하고요. 그래야 스스로 문제를 안전하고 긍정적인 방법으로 해결하는 사람으로 자랄 수 있어요."

선생님은 자기조절지도가 자녀의 행동과 결과를 객관적으로 살피고, 자녀 스스로 더 좋은 선택을 하도록 돕는 것 이상의 효과를 발휘한다고 강조했다. 레오가 자기조절을 배우면서 얻은 행동에 대한 책임감과 성취감이 바로 그것이다. 이처럼 자신의 행동을 되돌아볼 수 있다면, 아이는 스스로 더 나은 선택을 할 수 있다.

관계를 살리는 마음 표현법
: 비폭력대화 수업

훈계가 아닌 공감으로
아이는 마음의 문을 활짝 연다.

Reactive But More Interactive!

'반응하는 것보다 마음을 주고받기 위해 노력하라.' 이 말을 부모와 자녀 사이에 대입하면, 부모는 아이 감정에 일일이 대응하기보다 숨은 감정을 읽고, 이해하는 것이 중요하다는 의미다. 물론 실천은 어렵다. 주변의 학부모들도 아이와 대화를 하고 싶지만 늘 말싸움으로 끝난다는 하소연을 자주 한다. 소통의 중요성을 잘 아는 경험디자이너 엄마라고 다르지 않았다.

"엄마는 엄마 마음만 있어? 내 마음도 있다고!"

레오가 야단을 맞다가 울면서 했던 말이다. 야단맞는 상황이 못마땅한 레오를 보면서 이런 결론 없는 감정싸움을 언제까지 반복해야 하는지 답답했다. 어떻게 풀어가야 할까 고민하던 중에 부모교육을 통해 접하게 된 '비폭력대화'는 그 실마리를 풀어주었다. 비폭력대화는 마셜 로젠버그 박사가 만든 공감 대화법으로 상대의 숨은 감정과 생각을 읽고 이해하는 데 도움을 준다.

일방적 말하기는 그만

학교에서 부모교육 관련 도서를 읽고 이야기를 나누는 북토크 세미나가 열렸다. 부모님들에게 도움이 될 양육과 교육에 관한 책들을 소개하고 이야기를 나누는 시간이었다. 《비폭력대화》(마셜 B. 로젠버그 지음, 캐서린 한 옮김)도 그 중 한 권이었다. 이날 초청 강사는 부모와 아이의 관계가 어렵고, 대화가 힘든 이유를 세 가지로 이렇게 요약했다. 부모의 일방적인 말하기 습관, 극단적 대화방식, 부모와 대화를 피하는 아이의 태도 등이었다. 비폭력대화는 이 세 문제를 해결하는 데 결정적인 도움을 줄 수 있다고 말했다.

"많은 경우, 아이들의 표현은 어른들을 힘들게 하려는 의도가 아닙니다. 자기 마음을 표현하고 싶지만, 그 방법을 몰라서 부득이 거친 표현을 사용하기도 합니다. 영화 <인사이드 아웃>에 등장하는 감정들은 함께 겪은 일도 각자 다르게 읽고 표현합니다. 대부분의 경우, 실제 있었던 일에서 생각을 표현하기보다 느낌을 표현하는 데 치중합니다. 아이들도 마찬가지입니다. 감정을 최대한 끌어내서 표현합니다. 그런데 가끔 아이의 격한 감정이 부모를 공격한다고 착각하는 경우가 많아요. 아이는 설명하려는 것인데, 부모는 감히 나에게 반항한다고 생각하는 것이죠."

북토크를 진행하는 선생님은 왜 부모가 아이의 마음을 읽지 못하는지, 무엇이 아이의 마음 읽기를 방해하는지 설명했다. 대부분의 아이들은 자기감정에 더 집중해서 말한다. 그런데 부모는 아이와 같은 눈높이에서 바라보지 못하고, 부모 입장에서 아이의 생각을 섣부르게 판단한다. 감정적인 판단으로 아이의 생각을 단정 짓는 실수를 저지르곤 한다. 예를 들어 격한 감정에 빠져 있는 아이를 보고 보호자 자신을 무시하고 있다는 오해 아닌 오해를 한다.

아이의 생각은 부모와 다를 수 있다는 말에 세미나 참가자들은 공감했다. 상당수가 아이의 생각과 감정을 읽기도 전에 "부모한테 말하는 태도가 그게 뭐니?"와 같은 비판을 쏟아내며 대화를 감정적으로 몰아갔다고 털어놨다. 화낼 일이 아닌데도 화를 냈다는 고해성사가 이어졌다. 나도 레오의 마음을 읽기도 전에 내가 못마땅하게 생각했던 부분만 꺼내서 화를 냈던 순간이 스쳐 지나갔다.

"부모와 자녀의 대화 목표는 부모의 생각을 일방적으로 전달하는 것이 아니에요. 서로의 생각을 이해하고 함께 조율하는 것입니다. 생각을 나누려면 먼저 자녀의 이야기를 잘 듣고, 그 마음을 이해하는 것부터 시작해야 합니다."

전문가들이 만나는 부모의 상당수는 주제에서 벗어나 자녀에게 일방적으로 화를 내는 경우가 많다. 나를 포함해서 주변을 돌아보면, 대화가 오고가기는커녕 부모의 일방적인 경고나 통보로 끝낸다. 자녀의 마음은 온데간데없이 부모 혼자 말하고 흥분하면서 끝내는 방식이다.

이분법 대화법의 폐해

세미나는 부모의 극단적 대화방식에 대해 문제를 제기했다. 상담선생님들은 어른들의 이분법적인 흑백논리가 대화를 어렵게 만든다는 사실을 강조했다. 자녀는 부모의 거울이다. 아이는 부모의 말하기 방식을 습득하고, 부모처럼 말하고 행동한다. 이런 상황에서 부모의 생각만 옳고, 자녀의 생각은 틀리다고 말하는 것은 명백히 모순이다. 상대방이 스스로 모든 것을 알고 있으며, 답은 정해져 있다는 식으로 말한다면 과연 누가 말하고 싶을까. 대부분의 사람들은 그런 일방적인 대화를 하고 싶지 않을 것이다. 자기 생각만 쏟아내는 부모와 대화를 피하고 싶은 마음은 자녀라고 해도 예외가 아니다.

"현재 교육은 특정 주제에 대하여 다양한 가능성을 놓고 접근하도록 가르쳐요. 학생 스스로 고민하면서 통합적인 사고를 하도록 돕는 것이죠. 그런데 가정에서 아무 생각도 할 수 없는 아이로 만든다고 생각해보세요. 그것은 지금 교육과 정반대 방향으로 가는 셈이죠."

교육은 학교와 가정에서 일관적이며 통합적으로 이루어져야 한다. 그렇지 않고 서로 정반대의 교육이 이루어진다면 균열이 생긴다. 그럴 때는 다시 아이들의 입장에서 생각해야 한다. 아이들의 열린 생각을 방해하지 않는 교육이 가정과 학교에서 일관적으로 이루어져야 효과가 있다.

전문가들은 '절대 안 돼'와 같이 강하고 부정적인 표현도 가급적 쓰지 않는 편이 좋다고 말한다. 예를 들면, 자녀와 대화를 나누기도 전에 많은 부모들이 결론으로 치닫는다. 이런 경우 부모는 흥분한 나머지 "넌 그래서 안 돼!"처럼 존재를 부정하는 식으로 말한다. 바로 이런 경우를 지양해야 한다고 보는 것이다. 자녀 스스로 자신을 부정적으로 인식할 수 있기 때문이다.

이런 일이 있었다. 얼마 전, 지인과 차를 마시고 나오는 길이었다. 마침 그때 친구들과 함께 있는 지인의 중학생 아들과 마주쳤다. 학원에 있어야 할 시간에 아들을 만난 지인은 소리를 내질렀다.

"야! 너 뭐야. 네가 왜 거기서 나와? 너 공부 안 해? 이렇게 하면 버러지로 사는 거야.(부정적 표현) 넌 항상 왜 그러니?(극단적 표현) 대체 뭐가 되려고 이러니?"

지인의 아들은 엄마의 이런 표현에 상당히 익숙해져 있는 듯했다. 친구들도 별로 당황해하지 않았다.

"난 이미 글렀어. 공부도 못하니까 나중에 버러지로 살지 뭐."

그 아들은 유유히 사라졌다. 옆에 있던 내가 괜히 무안하고 미안했다. 그날 저녁까지 지인은 화가 풀리지 않은 상태였다. 아들이 사춘기라 진짜 막 나간다며 분통을 터뜨렸다. 무슨 말을 해도 듣지 않는 아들이 원망스럽다며 포기하고 싶다는 말도 덧붙였다.

'포기하고 싶다.' 엄마도 힘들어서 그런 하소연을 하겠지만 절대 포기할 수 없는 것이 부모다. 책임을 가진 어른이기 때문이다. 아무리 애써도 바뀌지 않는다면, 그럼에도 변화를 간절히 원한다면, 접근이 달라져야 한다.

전문가들은 우선 격한 감정을 가라앉히기 위해 시간을 가져야 한다고 조언한다. 그래야 차분하게 열린 대화를 가질 수 있다. 이후 자녀의 표현 뒤에 숨은 생각을 읽고 접근한다. 나는 이런 위기상황에서 주로 테이블을 닦거나 그릇을 씻는 방법을 찾아냈다. 이른바 '마음 설거지'다. 이런 과정을 거치면 마음이 조금은 가벼워지고 뜨거웠던 화도 조금 식혀진다. 잠시 생각을 정리한 뒤, 다시 대화할 기회를 만든다. 단, 아이도 흥분이 가라앉고 대화할 준비가 되어야 한다.

비폭력대화에서 비폭력은 물리적 폭력뿐 아니라 심리적 폭력도 포함한다. 따라서 "(무조건) 안 돼!" "그러지 말라고 했지?" "똑바로 앉아!" "매사에 왜 그런 식이니?" 등과 같이 근거 없이 한쪽을 비난하는 표현을 피해야 한다.

주변에서 비폭력대화법을 꾸준히 연습하고 실천한 덕분에 관계가 부드러워졌다는 가족들이 많다. 그렇다. 복잡하다고 생각했던 관계의 문제들도 우리는 말하는 방식을 통해서 다시 부드럽고 돈독하게 만들어갈 수 있다. 물론 그것이 단번에 가능하지 않다. 지속적인 노력과 실천이 비폭력대화에도 예외 없이 필요하다.

비폭력대화가 필요한 이유

좋은 대화법이란 무엇일까? 부모교육에 참석한 어떤 학부모들은 "좋은 말이라고 하면 애들은 자기 듣고 싶은 얘기만 듣는다"고 푸념했다.

또, 어떤 학부모는 "살아온 경험으로 이미 알고 있는데, 빤히 보이는 실패의 길로 애들을 이끌 수 없다"며 부모라는 권위로 자녀를 이끌어가야 한다고 주장했다. 과연 그럴까. 나는 다르게 생각한다. 많은 전문가들이 지적하듯 보호자와 대화를 하지 않는 자녀에게 힘이나 권위로 접근하는 훈육은 긍정적인 효과를 거둘 수 없다. 전문가들은 자녀는 훈계로 변하지 않는다는 사실을 기억하라고 당부한다. 마음이 움직일 때, 대화가 성공한다. 따라서 자녀와의 대화는 마음을 움직이는 것에 초점을 맞추어야 한다. 자녀가 긍정적인 경험을 하지 못하면 대화를 더 회피하는 상황으로 이어질 뿐이다.

"회피 반응은 자연스러운 현상입니다. 인간의 뇌는 위험을 감지하면 공격 모드로 전환하면서 창의성을 담당하는 영역의 스위치를 꺼버리는 습관이 있어요. 예를 들어 전쟁이 일어나면 우리 뇌는 알아서 생존에 필요한 선택을 합니다. 공격성을 담당하는 뇌 영역은 최대한 활성화하고, 필요 없는 부분은 스위치를 끄죠. 위험을 민감하게 감지하여 생존력을 높이려는 이유입니다. 만약 부모가 공격적이고 비난 섞인 말을 퍼붓는다면, 자녀는 생각 스위치를 끌 수 있습니다. 뇌가 위협과 비난을 위험으로 감지하고, 생각을 다루는 뇌의 스위치를 끄는 거죠. 살아남아야 하잖아요. 위험을 감지하는 불안에 대한 반응을 기억하죠? 불안하면 회피 본능이 발동합니다. 위험에서 멀리 떨어져 자신을 보호해야 하니까요."

세미나를 이끄는 선생님은 대화하면서 자녀를 공격적으로 몰아붙이는 것이 얼마나 어리석은 일인지 설명했다. 문제해결은커녕 자녀를 부모에게서 더 멀리 떼어놓는 것이라고 했다. 회피가 아닌 마음을 움직이는 대화를 위해 비폭력대화가 필요하다. 여전히 주의해야 할 것은 자녀를 아프게 하는 언어와 말투다.

학부모에게 늘 비폭력대화의 중요성을 강조하는 상담선생님은 학생과 대화할 때, "네 생각이 그랬구나"라는 공감 표현을 자주 사용했다. 레오를 상담하는 선생님의 모습을 유심히 관찰하다가 나는 공감이 느껴지지 않으면 어떻게 해야 하는지를 물은 적이 있다. 선생님은 진짜 공감하면 더없이 좋겠지만, 어디까지나 '공감 표현'이라고 대답했다. 공감이 어려우면 공감 표현! 실천이 그리 어렵지 않게 느껴졌다. 자녀와 대화가 쉽지 않고, 내 이야기만 늘어놓다가 대화를 끝나는 사람이라면 이런 표현을 사용하면 된다.

"그랬구나." "혹시 그거 아니? 엄마(아빠)도 이런 적이 있었어."

레오가 어떤 말을 하든지 일단 나는 공감 표현부터 써보았다. 레오가 처음에는 살짝 놀라는 눈치였다. 자신의 말이 끝나기 무섭게 쏟아지던 잔소리를 예상했다가 의외의 반응이 나왔기 때문이다. 공감 표현을 피드백으로 받자, 레오는 이어진 내 말을 막지 않고 전보다 참을성 있게 듣는 태도로 바뀌었다. 상담선생님은 공감 표현을 자주 사용하면서 덩달아 자신의 마음도 열렸다고 했다. 공감 표현이 실제로 공감을 이끌어낸 것이다. 나 역시 그랬다. 레오의 말에 공감 표현을 해줄수록 아이의 마음과 내 마음이 동시에 더 열리는 경험을 했다.

공감은 아이의 마음을 움직인다

제이와 레오는 문제가 생기면 상담선생님을 찾아간다. 이유는 간단하다. 자신의 이야기에 귀 기울여주고 나보다 더 공감해주기 때문이다. 아이들에게도 자신이 존중받는다는 느낌은 중요하다. 나는 상담선생님의 공감 대화 방식을 세심히 관찰하며 따라했다. 두 아이는 내가 자신의 이야기를 잘 듣고 있다고 생각하면, 마음을 자연스레 열었다. 그리고 내가 답을 주지 않아도 스스로 답을 찾아갔다. 부모의 공감으로 자녀는 스스로 길을 찾아 성장한다. 아이들은 부모가 생각하는 것보다 더 많이 알고, 더 깊은 마음을 갖고 있다. 어리다고 놀리거나 우습게 생각해서는 안 된다. '내가 네 이야기를 듣고 있어'와 같은 공감으로 충분히 아이들은 닫힌 마음을 연다.

비폭력대화는 무엇보다 관계를 살린다. 상황을 긍정적으로 바라볼 수 있는 기회도 제공한다. 앞서 지인이 학원 수업에 빠진 아들을 만났을 때, 비폭력대화를 사용했다면 어땠을까? 격한 감정을 가라앉히면, 상황을 다시 바라볼 수 있다. 이 과정에서 뇌는 전체 맥락을 다시 정리한다. 지인이 그 과정을 거쳤다면 분명 상황이 달라졌을 것이다. "학원에 가지 않아서 걱정했네. 근데 왜 학원에 가지 않은 거지? 친구들이 함께 있던데, 무슨 일이 있었니?" 이렇게 물어보았다면 어땠을까? 아이가 어떤 식으로든 대답을 한 뒤, 지인이 "그랬구나, 많이 피곤하고 힘들었구나"라고 말했다면 아마 아들의 다른 답변이 나왔을 것이다. 자녀가 회피하는 대화는 결국 어른의 잘못된 대화방식에 때문이다. 공감을 우선한다면 자녀의 진심과 만나는 진짜 대화가 가능해진다.

아이의 행동을 바꿔주는 자기조절지도 쓰기

문제행동은 무작정 혼내고 야단친다고 고쳐지지 않는다. 아이 스스로 자신의 문제를 인식하는 것이 중요하다. 이때 자기조절지도를 사용하여 아이의 문제행동이 일어난 당시의 상황을 객관적으로 정리할 수 있다.

자기조절지도를 기록할 때는 아이를 야단치거나 혼내지 않는 편안한 분위기에서 작성하는 것이 좋다. 아이가 언제/어디서, 무엇을, 어떻게 했는지 감정/생각과 행동을 중심으로 떠올려 보도록 유도하고, 당시 내용을 함께 파악하고 이해할 수 있다면 충분히 잘 기록한 것이다. 기록한 것을 토대로 각 판단에 대해서 좀 더 식별이 쉽도록 컬러로 표시한다. 예를 들어, 현명한 판단과 행동을 잘한 내용에 대해서는 초록색, 좀 더 현명한 판단과 행동변화가 필요하다고 생각되는 내용은 빨간색, 그리고 둘 사이 경계에는 주황색으로 색칠하는 것이다. 이 지도를 작성하는 이유는 어디까지나 빨간색의 문제행동을 점차 주황색 또는 초록색의 영역으로 바꾸어 가기 위해서다. 다만 아이 스스로 문제행동을 바꾸는 다양한 방법을 알지 못할 수 있다. 그렇기 때문에 자주 대화를 통해 아이의 선택을 돕는 바람직한 방향을 알려주고, 아이의 좋은 아이디어를 지지해주는 것이 좋다. 자기조절지도는 학교와 가정이 함께 협력해서 아이와 함께 사용하는 것이 좋다. 학교와 가정에서의 문제가 골고루 다양하게 다루어질 수 있기 때문이다. 가정에서만 사용하는 것보다는 함께 살필 때, 좀 더 효과적으로 아이의 유의미한 행동변화를 이끌어낼 수 있다.

다음의 자기조절지도 양식에 따라 아이 스스로 문제 상황에 대해 정리하는 시간을 가져보자. 자녀와 함께 이야기를 나누면서 작성하면 더 좋다.

_____의 자기조절지도

언제/어디서	마음(이유/상황)	선택한 행동	행동의 결과	비고
언제/어디서 일어난 일인가요?	그 일이 일어난 배경을 떠올려 보세요. 당시 생각과 마음은 무엇이었나요?	그래서 어떻게 말하거나 행동했나요?	그 행동의 결과로 어떤 일이 일어났나요?	현재의 마음은 어떤가요? 그 문제를 해결하기 위해 궁금한 점이 있나요?

먼저 각 항목을 검정색 볼펜으로 작성한다.

작성한 칸은 구분하기 쉽게 교통신호 색으로 의미를 구분해 색칠한다.

경보 신호, 빨간색 : 좀 더 현명한 판단이 필요하다는 의미

주의 신호, 주황색 : 선택에 따라 빨간 또는 초록 신호가 될 가능성이 있다는 것을 알려주는 의미

안전 신호, 초록색 : 현명한 판단을 했다는 의미

Class 3

균형을 키우는 순간,
몸과 마음이 건강해진다

몸과 마음의 중심 잡기
: 자기돌봄 수업

부모 스스로 자기를 돌볼 때,
아이도 자신을 돌보는 능력을 키운다.

"저희 아이는 새벽에 너무 늦게 자요. 휴대폰 때문이에요. 한번은 남편이 저보고 아이를 잘못 길렀다고 말했다가 한바탕 난리가 났죠. 그 다음부터 아이가 휴대폰에 빠져 있는 걸 보면 화가 나서 소리를 지르고 야단을 쳐요."

"우리 애는 제 잔소리 때문에 방을 나오지 않았어요. 그러니 가족과 함께 있으면 불편한 눈치고, 그런 아이를 보면 눈물만 나요. 내가 누구 때문에 희생했는데 그것도 몰라주나 싶고…."

"제 아들은 대화하자고 하면 긴장해서 손톱을 물어뜯어요. 피가 나도록 뜯은 적도 있어요. 버릇을 고치려고 장갑도 끼워주기도 했는데 소용없어요."

학교에서 청소년기 자녀를 어떻게 키우면 좋을지를 고민하는 부모님들을 위해서 자기돌봄 워크숍이 열렸다. 이 수업은 불안한 마음과 몸을 다루는 방법을 함께 찾는 것을 주요 내용으로 한다. 시작은 각자가 처한 상황을 꺼내 들여다보는 것이다. 상담선생님은 주로 청소년기 몸과 마음이 어떻게 달라지는지 근거를 들어 이해하기 쉽게 전달한다. 그리고 참여자들이 자녀 이야기를 꺼내면 선생님은 되도록 학생 입장에서 그들의 이야기를 말해준다. 여럿이 함께 들여다보면 부모는 자신의 상황을 객관화하면서 "그래, 나도 저 나이 때 그랬는데…" 하며 자녀에게 공감을 표하게 된다.

나를 알고 돌보는 능력

"자녀 스스로 자기돌봄을 해야 하는데 여기 계신 부모님들은 타인돌봄으로 자녀를 키우고 있었네요. 자기돌봄은 자기 상태를 알아차리고, 자신이 가야 할 방향을 스스로 정하는 것을 의미해요. 돌봄이라는 말 때문에 보호자는 자녀의 생각과 행동을 정해주고 싶어 하죠. 하지만 자녀 스스로 자기를 알고 돌보려고 노력할 때, 그것은 더 큰 힘을 발휘해요. 조금 더 믿고 기다려주세요. 자녀보다 보호자 자신의 시간을 잘 보내세요. 그러면 적절한 시점이 다가올 거예요. 아이가 도움을 요청을 할 수도 있어요. 그때 도와주는 것이 우리가 할 일이에요."

"그럼, 문제가 있는 걸 보면서 말하지 않고 기다리나요?"

"기다림은 아무것도 하지 않는 것이 아니죠. 보호자가 자기를 돌보는 모습을 보여주면서 기다려야죠."

"그럼 어떻게 시작하면 좋을까요?"

선생님은 엄마들의 자기돌봄에 관해 각자 떠오르는 질문부터 공유해 보자고 했다. 하나둘 질문이 터져 나왔다.

- 나를 나로서 살지 못하게 방해하는 것은 무엇일까?
- 나는 원래 어떤 사람인가? 지금의 나는 원래의 나와 어떻게 다를까?
- 나는 나를 위한 시간을 어떻게 보내고 있을까?

"부모이기 이전에 나에 대해 스스로 알아차리고 발견하는 거예요. 자녀 스스로도 자기에게 질문하고 대답해야 하는 것도 바로 이거예요. 나란 사람에 대해 알아차리고 나를 발견하는 것이죠. 그렇게 되면 문제를 해결하는 기회도 포착할 수 있거든요. 다만 그 과정에서 누군가와 소통이 필요해요. 자기돌봄의 동기를 곁에서 지지하고 조언해줄 수 있는 사람은 누구인가요? 부모님은 자기돌봄을 실천하면서 그 경험을 자녀와 충분히 공유해주세요. 그럼 자녀는 '나 자신을 이렇게 돌보고 사랑하는 거구나. 나도 엄마처럼 나 자신을 아끼고 사랑해야지' 하고 느낄 거예요."

"돌이켜보니, 자녀를 위해 내 희생이 억울하다고 화를 낼 게 아니라 나를 좀 더 보듬어주어야 했군요. 정작 제가 아이한테 보여준 것이 없네요."

"괜찮아요. 여기 모인 우리 대부분이 그래요. 먼저 자녀를 위해 희생했다고 억울해하는 자신과 화해하세요. '그동안 잘했어, 고생했어'라고 인정하고 보듬어주세요. 그리고 다시 나를 찾아가는 거예요."

보호자가 먼저 자기돌봄

많은 참가자들이 자녀에게 '자기돌봄'을 알려주려다 서로 상처만 주고받았다는 고해성사를 했다. 이날의 결론은 간단했다. 엄마 자신이 돌봄의 주체가 되지 못하면 아이를 위해 어떤 변화도 만들 수 없다는 것이다. 돌아보니, 자기관리를 잘한다고 자부했던 나도 정작 자기돌봄은 부족했다. 관리와 돌봄은 달랐다. 나보다 다른 사람이 날 어떻게 생각하는지가 더 중요했고, 내 삶보다 일과 회사를 더 중시했으며, 그래서 내 삶의 우선순위는 언제나 내가 아니었다. 내 안에 삶의 중심이 없었다.

자기돌봄의 기술은 자신을 곁에서 지지해줄 사람을 만나면 한결 수월하게 익힐 수 있다. 실제로 지인이 들려준 다음 이야기는 자기돌봄이 얼마나 중요한지 새삼 깨닫게 해주었다.

한 고등학교에 불이 났다. 시험 보기 싫다며 이야기를 나누던 학생들이 담뱃불로 교실에 불을 냈다. 문제가 있는 청소년들이었을까? 아니다. 사고뭉치들이 아니었고, 성적이 나쁜 학생들도 아니었다. 애정과 관심을 받지 못한 채 자란 청소년들도 아니었다. 다만 그들은 뭔가 변화가 필요했던 청소년들이었다. 다행히 다친 사람은 없었다. 소방관들이 빠르게 진화작업을 해준 덕분이었다. 학교는 발칵 뒤집혔지만 범인을 특정할 수 없어서 아무도 처벌을 받지 않았다. 그날의 범인 중 한 명이 지인이다. 훗날 이 사건(?)에 대하여 진지하게 이야기를 나누며, 왜 그런 짓을 했는지 조심스럽게 물었다. 그러자 그는 이렇게 말했다.

"그때 내게는 중심이 잡혀 있질 않았어."

중심. 사물이나 행동에 있어 중요하고 기본이 되는 축이다. 무릇 건강한 판단은 중심을 놓고 사고의 균형을 잡으며 행동을 결정한다. 그 시절, 그는 자기가 누구인지 알지 못했고, 그래서 자신을 사랑하고 아껴준 적도 없으며, 남에 대한 배려와 공감도 턱없이 부족했다고 털어놨다. 그는 자기이해가 부족했다. 자신을 모르니 스스로를 돌볼 생각도 하지 않고, 감정을 건강하게 추스르지 못하고 거칠게 발산한 것이다.

청소년기, 자기돌봄이 중요한 이유

내가 청소년기를 관통할 때도 그랬지만 우리 교육은 지금도 여전히 자기돌봄의 중요성을 알려주지 못하고 있다. 질풍노도의 시간을 그냥 혼자서 감당할 뿐이다. 집과 학교에서 이 시기에 필요한 경험 역시 제공해주지 못하고 있다. 자신의 몸과 마음을 돌보는 법을 모르니 다른 사람의 몸과 마음인들 존중할 능력이 턱없이 부족하다. 나를 함부로 대하는 사람이 남도 함부로 대할 수 있다. 안타까운 현실이다.

제이와 레오가 다니는 학교는 '웰니스'라는 수업을 통해 자기돌봄 과정을 구체적으로 탐구한다. 몸과 마음, 관계 측면에서 세심하고 안전하게 자신을 돌보는 방법을 익힌다. 우리나라로 치면 5학년부터 자기 돌봄을 배운다. 이 시간은 단순 지식을 배우는 것이 아니라 삶에 꼭 필요한 지혜를 탐구하면서 체화한다. 특히 사춘기 몸·마음·관계의 변화, 감정과 올바른 성의식, 정체성, 식습관, 사회문화적 인식과 편견 등 자기돌봄에 필요한 거의 모든 영역을 배운다. 학생들의 수업 참여도 활발하다. 사춘기 자신에게 닥친 몸과 마음의 변화를 조사하고, 토론·발표 등을 통해 삶의 중심을 하나씩 세워간다.

걱정과 불안이라는 감정도 구체적으로 다룬다. 적절한 불안이 병적 불안과 어떻게 다른지 배우고, 일상에서 느끼는 불안을 기록·점검한다. 이에 학생들은 감정이 나쁜 것이 아니며, 사람을 움직이는 것이 감정이라는 사실을 깨닫는다. 감정을 어떻게 존중하고 적절하게 조절해야 하는지 실습도 한다. 특히 과도한 불안이 야기하는 디지털 중독 등은 중요한 이슈로 다룬다. 부모교육 시간에도 종종 다뤄지는 덕분에 보호자는 청소년기 자녀를 좀 더 잘 이해할 수 있다.

워크숍은 자기돌봄에 대한 이해를 깊게 만들어주었다. 아울러 아이가 일상에서 몸과 마음의 균형을 유지하도록 지지해주는 역할이 얼마나 중요한지 깊이 공감하게 도와주었다. 가장 중요한 깨달음은 자기돌봄을 다른 누구도 아닌 보호자인 나부터 시작해야 한다는 사실이다. 자녀는 그런 부모를 보면서 자연스레 자신을 돌보는 법에 익숙해져간다. 신선미 가톨릭전진상영성심리상담소장은 '자기 관찰하기'의 중요성에 대해 이렇게 말했다.

"자신의 내면세계에서 어떤 일이 일어나는지 알아차리게 하고, 자신이 감정과 생각, 행동을 적절하게 조절할 수 있게 한다."[14]

자기돌봄은 이렇게 자신을 사랑하는 일의 기본이고, 삶의 중심을 구축하는 시작이며, 곧 상호돌봄으로 나아갈 수 있는 길이다.

14   신선미, 한겨레, 2021. 8. 4 <치유의 시작은 자기 이해>

나는 나를 어떻게 돌볼까?

엄마인 나 자신과 잘 지낼 때,

자녀와도 좋은 관계를 유지할 수 있어요.

건강한 생활 습관 만들기
: 일상관리 수업

아이의 생활 습관은
부모의 생활 습관을 비추는 거울이다.

"자녀가 잠을 어느 정도 자고, 또 가족은 어때요?"

"우리 아이는 잠을 6시간 자요. 우리 부부는 7시간 정도요."

"주로 어떤 요리를 즐겨 먹나요? 직접 요리를 하시나요?"

"우리는 주로 음식을 주문해서 먹어요. 입맛이 다 달라서요."

"주말에는 어떻게 지내나요?"

"주말에는 가족이 그냥 집에 있어요."

"가족이 함께하는 취미가 있나요? 개인적인 취미는요?"

"가족 취미는 따로 없어요. 저는 넷플릭스 보는 것 말고는 딱히 취미가 없네요. 미안해요. 대답은 그만할래요. 벌써 내 삶에 문제가 많은 것 같아요."

건강한 가정을 위한 학부모 워크숍에서 상담선생님과 학부모들 사이에 나눈 대화의 한 대목이다. 이번 워크숍이 중요했던 이유는 평소 가졌던 '일상의 평범함'이라는 개념에 균열을 냈기 때문이다. 대부분의 사람들은 오늘을 어제처럼 산다. 평범함이라고 부를 수도 있다. 그것이 매일 쌓이다보면 생활방식을 쉽게 바꾸지 못한다.

당시 나는 불안을 공부하면서 불안을 만드는 생활방식이나 사고 습관에 대한 변화가 필요하다고 느끼고 있었다. 삶에도 조화가 중요하듯 가족도 구성원 한 명이 불안에 흔들리면, 전체 가족이 흔들릴 수 있다. 그렇다면 우리 가족의 불안을 야기하는 생활 습관은 무엇인지를 구체적으로 들여다보고 싶었다. 그러던 차에 이번 워크숍은 우리 가족에게 유용한 시간으로 다가왔다.

워크숍은 가족의 평소 생활 습관을 돌아보는 6가지 분야에 대한 질문으로 시작되었다.

가족의 생활 습관을 점검하기 위한 질문들

1. 건강한 몸을 위한 노력

- 수면시간은 어느 정도인가요?
- 언제 잠을 자고 언제 일어납니까?
- 규칙적으로 균형 잡힌 식사를 하나요?
- 건강검진은 규칙적으로 받나요?

2. 관계를 위한 노력

• 고민을 함께 할 수 있는 친구가 있나요?

• 중요한 관계를 유지하는 방법이 있나요?

3. 운동을 위한 노력

• 일주일에 3~4회 이상 규칙적으로 운동을 하나요?

4. 마음건강을 위한 노력

• 건강하고 균형 잡힌 생각을 하는 편인가요?

• 새로운 시도를 하나요?

• 문제를 피하지 않고 대면하나요?

• 스트레스를 푸는 나만의 기술이 있나요?

5. 삶의 의미와 목적을 위한 노력

• 종교가 있나요?

• 자신이 자랑스러워할 만한 가치가 있나요?

• 그 가치를 위해 어떤 노력을 하나요?

• 온전히 자신한테 집중할 수 있는 시간/활동이 있나요?

• 가족을 강하게 묶어주는 우리 가족만의 가치가 있나요?

6. 삶의 즐거움과 사회성을 위한 노력

• 일 이외에 즐거운 여가활동이 있나요?

- 내 삶에 즐거움을 주는 취미가 있나요?
- 가족과 함께 어떤 활동을 하나요?

처음에는 가벼운 질문이라고 느꼈다. 삶의 의미와 목적을 제외하면, 많은 질문이 생활 습관과 관련되어 있었기 때문이다. 그런데 여러 사람들 앞에서 답변은 부담스러웠다. 우리 가족의 민낯을 드러내는 것 같았기 때문이다. 십여 분 만에 여기저기서 한숨이 터져 나왔다. 많은 부모들이 답변하기 곤란하다며 당혹스러워하거나 괜히 참여했다고 후회하기도 했다.

우리 가족도 다르지 않았다. 거의 모든 항목에서 한숨을 쉬며 질문에 답했다. 한 가지 유심히 생각했던 문제는 삶의 의미와 목적을 실천하는 항목이었다. 남편은 자랑스러워할 만한 가치를 '가족을 우선으로 생각하는 마음'이라고 답했다. 하지만 아이들은 아빠의 노력이 잘 느껴지지 않는다고 했다. 사실 남편은 우선순위에 둔 가치가 따로 있었다. 다른 사람을 위하여 자신의 재능과 능력을 쓰는 일이다. 그래서 공무원을 택했지만 일에 매몰되면서 일의 가치를 되새기지 못하고 있었다. 당시 남편은 영혼 없이 일하는 사람이 된 것 같다며 자조 섞인 말을 자주 했다. 바쁜 탓에 자신에게 집중할 수 있는 시간이나 취미 활동도 없었다. 다행이라면 해외 근무의 기회를 얻어 일에 매몰된 일상에서 벗어난 것을 위안으로 삼고 있었다. 그러면서도 늘 일이 우선순위였다. 그러니 가족 우선이라는 남편의 답변은 두 아이에게 진심으로 느껴지지 않았다.

부모의 생활 습관이 자녀의 생활 습관으로

"자녀는 지금 부모님이 사는 매일 매일의 모습처럼 똑같이 습관적으로 살게 될 거예요. 그것이 너무 익숙하거든요. 그 익숙함은 편안함으로 연결될 거예요."

자녀의 미래를 지금 내가 만들어주고 있다고 생각해보니, 어떤 책임감이 느껴졌다. 내가 못마땅하게 여기던 레오의 생활방식도 사실은 내게서 비롯되었을 가능성이 크다. 아무렇지 않게 보낸 일상의 어떤 모습들이 갑자기 부끄럽게 느껴졌다. 감정은 모른 채 덮어두고 일에 파묻혀 살았던 내 모습, 원하는 삶의 가치도 잊고 앞만 보고 달리는 내 모습이 어쩌면 두 아이의 삶이 될 수 있다고 생각하니, 갑자기 서글퍼졌다. 아이들에게도 미안했다.

이제라도 삶의 의미와 가치를 다시 되짚어보는 시간이 필요했다. 먼저 지금까지 내 삶과 일상에 문제가 있었다는 것을 인정하고, 바로 잡아야겠다는 생각이 들었다. 그래야만 제이와 레오가 생각 없이 엄마 아빠를 따르던 자신의 모습을 인식할 수 있기 때문이다.

좋은 생활 습관이 아이의 일상을 바꾼다

언젠가 음식점 주방의 식품위생 습관을 살피는 정부 과제를 수행한 적이 있다. 불시에 찾아간 주방 곳곳에서 잘못된 위생 습관으로 세균 노출과 오염 등 갖가지 위험이 적나라하게 드러났다. 음식점 종업원들 상당수가 집안에서 배운 습관대로 주방 일을 했던 것이다. 교육 문제가 아니었다. 무의식에 깔린 오랜 습관이 문제였다. 이런 잘못된 습관을 바꾸기 위해 위생에 관한 재교육과 함께 올바른 행동을 지속적으로 유도하는 장치와 경험을 고안해주었다. 오래된 습관만큼 새로운 습관을 길들이기 위해서는 노력과 시간이 충분히 필요하다. 의식하지 않고도 행동으로 이어져야 하기 때문이다.

등잔 밑이 어둡다는 말처럼 내 일상도 오랜 습관이 문제였다. 그렇다면 좋지 못한 생활 습관으로 뭉친 삶은 어떻게 풀어야 할까? 워크숍에 참여한 부모들은 당장 실천 가능한 방법부터 떠올렸다.

"모든 항목에 실천 가능한 방법과 계획을 세우는 것으로 충분히 문제를 잘 파악한 거예요. 자, 이제부터는 주말을 어떻게 보내야 할까요? 주중과 주말의 일정을 다시 계획한다고 생각해보세요."

주중과 주말의 일상을 새롭게 계획하는 등 작은 것부터 변화를 만들수 있다는 상담선생님 말씀이 위로가 되었다. 나쁜 습관은 새로운 경험을 계획하고 훈련하면서 바꿔나갈 수 있다. 새로운 일상의 계획을 적다보니, 주말의 중요성이 실감 있게 다가왔다. 처음으로 주말을 진지하게 생각하게 되었다. 원래 우리 가족에게 주말은 밀린 잠을 자거나 미뤄둔 청소를 하고, 누워 빈둥거리는 등 잉여의 시간이었다. 당연히 건강한 생활 습관을 위한 시간으로 활용할 수 있다는 생각은 하지 못했다. 무엇이 부족한지 모르니 어떻게 채워야 할지도 몰랐다. 일과 가사만으로도 벅차다는 핑계로 내 일상생활 자체를 잘 돌보지 못한 탓이다.

제이와 레오에게 부끄러웠다. 아이들에게 나는 어떤 엄마로 보이고 있을까? 아이들에게 기억되는 엄마의 모습은 일상이 차곡차곡 쌓여서 만들어지는 것이다. 이제 내 하루하루를 그럭저럭 채울 수 없다. 엄마의 좋은 생활 습관이 아이의 일상을 건강하게 바꾼다. 자녀의 습관은 가정에서 부모가 어떤 습관을 실천하고 있는지에 달려 있다.

우리집 일상은 안녕할까?

아이들은 부모가 보여주는 일상의 모습 그대로 삶을 꾸려갑니다.

놀면서 잠재력 키우기
: 예체능 수업

아이의 가능성을 알고 싶다면
아이 스스로 즐겁게 보내는 시간이 필요하다.

"다 맞은 사람 손들어보자. 대단하네. 잘했어."

"한 개 틀린 사람? 어. 잘했어."

"두 개 틀린 사람? 그래, 모두 수고했어."

제이는 런던에서 서울로 오면서 초등학교 2학년 2학기 중간부터 수업에 들어갔다. 그런데 제이에게 문제가 생겼다. 학교에 마음을 붙이지 못하고, 자신감도 꺾이고 위축된 모습을 보였던 것이다. 여기에는 이유가 있었다. 성적이 좋은 학생을 칭찬해주는 선생님이나 성적으로 친구들 사이에 서열을 매기는 학교 분위기에 적응하지 못했던 것이다.

아이들이 다녔던 영국 공립학교와 현재 공부하고 있는 필리핀 국제

학교에는 저학년들에게 중간·기말 시험이 없다. 평소에 학생들 모르게(?) 수학 능력을 평가하는 방식 덕분이다. 그래서 학생들은 자기 성적을 모른다. 등수도 없다. 하지만 선생님들은 개별 학생에게 어떤 수준의 교육이 필요한지를 찾아내고, 이를 기반으로 기초 학력을 높이는 쪽으로 수업을 구성한다. 그리고 기초 학력이 낮은 학생들에게 초점을 맞춘다. 물론 아주 뛰어난 학생은 과목별로 월반을 택할 수 있다. 그래서인지 대부분의 저학년 학생과 부모는 성적과 점수에 크게 신경 쓰지 않는 분위기다.

잠재성을 깨워주는 예체능 수업

영국에서 제이는 노래하기와 책 읽기, 글쓰기를 좋아했다. 그것은 음악 이야기로 관심이 연결되었고, 뮤지컬에도 흥미를 보였다. 다양한 뮤지컬 공연을 접했고, 3년 중 마지막 학기는 뮤지컬 학교에 다니며 자기가 좋아하는 것들을 자유롭게 누릴 수 있었다. 하지만 한국에서는 모든 것이 달랐다. 거의 모든 학생들이 학원에 다녔고, 성적에 매달렸다. 이런 낯선 모습 앞에서 제이는 난감하고 당황스러웠다. 그런 제이의 모습을 본 담임선생님은 학교 방과 후 수업으로 뮤지컬 수업을 권유했다. 다행히 그것이 반전의 계기가 되었다. 예체능 활동에 참여하면서부터 제이의 일상은 활기를 찾기 시작했다.

그렇게 음악활동을 직접 경험하면서 제이의 마음은 깨어나기 시작했다. 뮤지컬과 관련하여 흥미로운 사실을 더 많이 알게 되면서 발성,

무대디자인 등으로 관심의 영역을 넓혔다. 뮤지컬 선생님이 보여주는 모든 부분이 제이에게 좋은 에너지가 되었다. 특히 목소리가 작았던 제이는 선생님의 풍부한 성량을 부러워했는데, 틈틈이 스트레칭을 하는 선생님의 모습을 보며 체력을 키우는 운동도 시작했다.

이 과정에서 제이는 자신이 좋아하는 것을 잘하고 싶으면 노력이 필요하다는 깨우침도 얻었다. 이런 예체능을 향한 관심과 활동은 마닐라로 돌아온 뒤에도 지속되었다. 오페라, 무대 장치와 기술, 디자인, 스피치, 희곡 등으로 그 관심이 확장되어갔다. 제이는 예체능 활동을 통해 잊고 지낸 자신의 몸과 마음의 기억을 떠올렸다. 무엇을 할 때 스스로 행복한지, 그리고 자신의 길을 어떻게 만들어가야 하는지를 찾아가기 시작했다. 무엇보다 반가운 것은 자존감을 회복하면서 자기만의 특별함도 알게 되었다. 음악이라는 취미가 아이의 자존감까지 높여준 것이다.

"엄마, 이거 좀 어려워 보인다. 무슨 말인지 하나도 모르겠어. 근데 지금 좀 못해도 괜찮아. 처음이잖아. 하다보면 알게 되겠지."

제이는 어떤 과목이든 어려운 주제가 나와도 조급해하지 않았다. 처음부터 잘할 수 없고, 스스로 소화하는 과정을 거쳐야 한다는 사실을 깨달은 덕분이다. 여기에 예체능 활동에서 얻은 경험이 작용했다. 내성적이고 수줍음 많았던 제이는 지금도 꾸준히 학교 공연과 각종 오디션에도 적극적으로 참여한다. 스스로 자신을 시험할 기회를 끊임없이 찾고 시도하고 있다. 드라마와 뮤지컬을 공부하고, 다양한 시나리오를 접하면서 아이의 공감 능력도 크게 자랐다. 그 덕분에 친구의 고민을 들어주는 상담 친구의 역할도 톡톡히 해내고 있다.

좋아하는 음악을 배우면서 제이는 자신의 몸과 마음의 감각이 깨어나는 것을 경험했다. 그렇게 예체능 교육은 아이만의 리듬을 찾게 해준 일등 공신이 되었다. 현재 제이와 레오가 다니는 학교에는 음악, 미술, 운동 등에 수준급 실력을 갖추고, 학업도 우수한 아이들을 쉽게 만날 수 있다. 굳이 전공으로 삼지 않아도, 또 진학을 목표로 하지 않아도 예체능에 수준급 실력을 갖춘 학생들이 많다. 영국 교육청도 국공립 학교 선택을 위한 각종 안내자료에서 각 학교별로 다양한 예체능 교육 프로그램을 자세히 소개하고 있다. 각 학교에서는 이와 관련한 학부모 Q&A를 제공한다. 이처럼 입시와 크게 관계없는 예체능에 학부모와 학생들이 그토록 시간과 공을 들이는 무엇일까?

"공부를 하다가 머리가 아프면 유튜브로 바이올린 연주를 봐요. 그러면 생각도 자유로워져서 좋아요. 전 주로 음악을 들으며 산책하는데 이때 공부 노트를 가져가서 봐요. 음악이 집중을 도와주거든요."

"전 매일 수영을 해요. 제가 상상을 통해 물에 빠진 사람을 구조하는 영법을 좀 다르게 만들었어요. 보실래요?"

"전 외우는 곡이 없어요. 피아노로 즉흥연주를 해요. 여행을 가도 피아노만 보면 흥분돼요. 아는 곡도 기분에 따라 다르게 연주해요. 재미있잖아요. 공부도 그냥 재밌어요. 같은 개념도 과목마다 다르게 다루는 것이 꼭 다르게 연주할 수 있는 악보 같아요."

"전 휴대폰에 그림을 그려요. 그림을 그리다보면 마음이 편안해져요. 말하면 안 되는데 엄마는 내가 공부하는 줄 알아요. 근데 사실 공부나 그림도 엄마가 안 볼 때도 열심히 해요. 누가 하라고 하면 뭔가 하기 싫어지잖아요. 그냥 즐거운 걸 하면서 스트레스를 풀어요."

예체능 분야에서 실력이 뛰어난 몇몇 학생들과 대화를 나누었다. 이들 대부분은 교과 성적도 수준급이다. 자신이 원해서 별도의 수업을 받기도 하지만, 한국처럼 엄격하게 해당 분야의 전문 수업을 받지는 않는다. 사교육의 도움을 받거나 혼자서 꾸준히 연습하며 자기 실력을 키운다. 스스로 좋아서 예체능 활동을 하는 학생들이 한국의 학생들과 비교해서 월등히 많은 편이다. 이처럼 자기가 좋아서 예체능 활동을 시작한 학생들은 점수를 목표 삼지 않는다. 남이 아닌 과거의 나를 뛰어넘는 성장이 목표다. 경쟁이 남이 아닌 자기 자신이 되는 것이다.

예체능 수업이 중요한 이유

학교 상담선생님들은 새 학교와 새 학년에 적응하는 아이들을 위해 예체능 교육과정을 적극 활용한다. 예체능 활동이 주는 유연하고 열린 사고력 덕분에 아이들도 무난히 새로운 경험에 적응하게 된다. 이처럼 예체능 활동은 유연하고 균형 잡힌 사고력을 키워 주요과목 공부에도 영향을 미친다. 아이들은 예체능 교육을 통해 저마다의 방식으로 감각을 섬세하게 키우는 훈련을 받는다. 이 과정을 통해 감각이 깨어나고 다른 경험과 혼합하는 새로운 사고과정을 경험한다. 게다가 각 과정을 중요하게 다룬 경험과 균형 잡힌 사고력 덕분에 효과적인 몰입과 공부 습관을 단련할 수 있다. 전문가들은 예체능 교육을 꾸준히 받으면 문제를 다양한 관점에서 바라보고, 통합적으로 사고하는 능력을 키울 수 있다고 말한다. 예체능으로 단련된 열린 사고는 아직 시야가 좁아서 다각적 사고로 접근하기 어려운 아이에게 문제해결의 실마리도 제공한다. 요즘 화두인 융합형 인재로 키우고 싶다면, 예체능 교육은 최소한의 공부도구로 봐도 무방하다. 그런 관점에서 보면, 아이 입장에서 예체능 수업은 마땅한 권리이다. 직간접 경험 등을 통해 감각을 단련할 권리가 우리 아이들에게도 있으니 말이다.

하지만 모든 예체능 교육이 반드시 유효한 것은 아니다. 활용하는 방법에 따라 큰 차이가 생기기도 한다. 사실 한국의 예체능 교육은 갈 길이 멀다. 한국에서는 초등학교 고학년이 되면 예체능 수업의 비중을 줄이고, 이른바 시험에 중요한 과목에 집중한다. 중고생이 되면 전공자를 제외하고 예체능을 즐기는 학생들이 거의 없다. 교육의 목표가 대학입시에만 꽂혀 있기 때문이다. 균형 잡힌 교육은 언감생심이다. 예체능을 전공으로 선택한 학생들은 일반 수업에는 소홀히 참여한다. 이처럼 교과 과정상 배움의 균형이 무너진 지 오래다.

안타깝게도 예체능 교육의 비중은 계속 줄어들고 있다. 사실 예체능 교육은 남과의 경쟁이 아닌 자기 자신과의 경쟁이 핵심이다. 다른 사람보다 잘했는가보다 나는 어제보다 잘했는가를 묻는 경험이 중요하다. 이를 잘 활용하면 균형 잡힌 교육이 가능하다. 물론 쉽지 않다는 것도 안다. 한국의 많은 학부모가 자녀 내신이 떨어진다는 이유로 예체능 교육에 불편함을 표시한다. 예체능 교육의 효과를 잘 알지 못하고 깊이 있는 경험을 해보지 못했기 때문이다.

다만 예체능은 단시간 내 완성도를 갖출 수 없다. 오랜 연습을 거쳐 몸과 마음의 감각을 깨우고 꾸준한 단련이 필수다. 자녀가 가진 가능성을 끄집어내고 싶다면 좀 더 긴 호흡으로 예체능 활동을 경험하는 것이 바람직하다. 아이들은 이 과정에서 자신의 가능성을 실험하면서 건강한 몸과 마음의 감각을 가진 사람으로 균형 있게 성장할 것이다.

예체능 교육에 대한 나의 생각은?

예체능은 아이의 숨은 감각을 깨워주고,

부모도 몰랐던 아이의 잠재성을 키워줍니다.

아이 삶에 즐거움을 선사하는 '평생의 친구'로 만들어 주세요.

서로의 안전거리 존중하기
: 몸 수업

> 몸의 언어를 바르게 사용할 때,
> 서로에 대한 존중과 배려가 시작된다.

레오가 학교에서 '편안함을 느끼는 거리'에 대해 배우고 돌아왔다. 레오는 몸의 거리란 듣고 싶지 않은 말과 소리, 남의 시선에서 자유로운 거리도 포함한다며 이렇게 말했다.

"엄마 그거 알아? 존중하는 거리는 실제 거리만 말하는 건 아니래. 다른 사람에게 내 말이 전해지는 거리도 포함한대. 엄마가 전화하고 있는데, 내가 큰소리를 치면 엄마 기분이 어때? 그럴 때 엄마가 통화할 수 있게 내가 멀리 떨어지는 게 존중하는 거리 두기야."

영국과 마닐라의 학교는 서로를 존중하는 몸에 대한 교육을 중시한다. 모든 학생이 자신의 몸을 탐색하고 자신과 타인의 몸을 어떻게 존중하고, 다가가야 하는지 교육을 받는다. 현재 학교에는 초등 저학년 대상의 '몸 수업'이 별도로 있을 정도다. 런던과 마닐라 모두 영어를 공용어로 사용하는 국제도시라는 환경적 특성상 몸 수업은 매우 중요하다. 문화마다 몸의 언어가 지닌 의미가 다르기 때문이다. 특히 몸으로 놀고 부대끼는 것을 즐기는 나이대여서 종종 불편함이나 마찰이 생긴다. 예의 없이 개인의 영역을 침범하는 경우가 바로 그렇다. 레오도 종종 그런 불쾌감을 표현한 적이 있다.

"누가 자꾸 내 머리를 만져서 기분이 나빠."

"애들이 자꾸 내 몸을 가지고 말해."

눈에 보이지는 않지만, 서로에게 편안한 거리가 있다. 편안한 상태로 상대방과 마음을 주고받을 수 있는 거리가 바로 그렇다. 반면에 너무 가까운 거리라면 상대의 눈길이나 손길, 심지어 목소리까지 불편하고 부담스럽다. 이렇게 적절한 거리를 지키지 못해 상대방의 영역을 침범하는 경우는 너무도 흔하게 일어난다. 방송에서도 이런 존중 없는 몸의 거리가 빈번하게 나온다. 신체 부위나 외모 등에 대한 놀림이나 희화화가 그렇다. 대놓고 모멸감을 주는 경우도 허다하다.

친구 사이에 편안함을 느끼는 거리

어느 날 레오와 친구들이 상대를 존중하는 물리적 거리를 놓고 대화를 나누었다. 학생들은 신체 일부를 멋대로 끌어당기거나 부딪히는 행위, 큰소리로 말하는 행위, 나쁜 말을 하는 행위, 무서운 얼굴로 상대를 대하는 행위, 큰소리로 한숨 쉬는 행위 등에 대한 불편함이나 불쾌감을 솔직하게 말했다.

특히 그런 행동을 하는 사람이 가족, 친구, 선생님 등 가까운 사람이었을 때, 부정적인 감정을 더 크게 느낀다고 했다. 언젠가 학교를 방문했던 날에도 이 주제로 수업을 하는 모습을 관찰한 적이 있다. 교실 밖 복도에서 어떻게 하면 서로 존중하는 거리를 유지할 수 있을지 이야기를 나누고 있었다. 다른 교실에 방해가 되지 않도록 대화하고 있었는데, 학생들 중에서 레오 목소리가 가장 컸다. 나는 레오를 바라보며 손을 입에 대고 '쉿' 하고 주의를 주었다. 그러면서도 '왜 교실에서 수업을 안 하고 교실 밖에서 하지?'라는 의문이 들었는데, 선생님의 말씀을 듣고 지켜보니 왜 복도로 나왔는지 이해할 수 있었다.

"복도에서 크게 말하면 교실에 있는 학생들에게 방해가 되고, 너무 작게 말하면 알아들을 수 있도록 전달하기가 어려워요."

수업 주제는 '상대를 존중하는 다섯 단계 목소리 볼륨'이었다. 학교는 다양한 수업을 통해 상황에 따라 목소리 크기를 조절해 사용하라고 유도한다. 다음처럼 목소리 볼륨은 5단계가 있다.

- 볼륨 1, 가장 작은 소리로 말하는 속삭임
- 볼륨 2, 보통 대화를 할 때 목소리
- 볼륨 3, 발표할 때 목소리
- 볼륨 4, 멀리 있는 사람을 부르는 목소리
- 볼륨 5, 위급상황에 쓰는 다급한 목소리(가장 큰 목소리)

학교는 이런 목소리 에티켓을 입학 때부터 가르친다. 몸 교육은 다른 사람과 함께 있을 때, 즉 사회적 상황에 놓였을 때, 자신의 몸을 상황에 맞게 쓰고 조절하는 것을 목표로 한다. 학생들은 TPO(시간, 장소, 상황)에 맞는 목소리 조절을 비롯하여 몸을 통한 사회적 기술을 훈련한다. 이를 통해 학교생활에서 존중과 배려가 필요하다는 사실을 이해하고 실천하게 된다.

일상 속 몸 사용법 익히기

신사의 나라 영국답게 영국의 학교에서 제공하는 몸 교육은 꽤 세분화되어 있다. 상황별로 나눠진 걸음 교육을 예로 들어보면 이렇다. 이 교육은 무리 지어 걷기, 동행자와 발맞추어 걷기, 공공장소에서 느리게 또는 빠르게 걷기, 마트에서 카트를 밀면서 걷기, 무거운 것을 들고 걷기, 문제가 발생했을 때 민첩하게 걷기 등 다양한 상황에 맞춘 발걸음에 대해 배운다.

또, 언어와 비언어적 표현을 활용한 의사소통 등 다양한 커리큘럼이 마련되어 있다. 예를 들어 자전거 통학을 원하는 학생들은 실습 수업으로 자전거 신호법을 필수로 듣는다. 보행자 및 운전자와 나누는 눈빛 교환을 비롯하여 손 신호 등 안전을 위한 소통법을 익히는 것이다. 아울러 다양한 국가에서 온 외국인이 많다보니 시선 방향 등을 알려주는 '눈빛 교육'도 있다. 런던 지하철에서 '책 읽기'가 활발한 이유가 다른 사람을 함부로 쳐다보지 않기 위해서라는 말이 있을 정도다. 이런 이유 때문인지 런던 지하철에는 책 읽는 사람이 휴대폰을 보는 사람보다 월등히 많다.

"주변에서 보거나 배운 적이 없는데, 자녀가 알아서 존중과 배려를 하는 것은 매우 어려운 일이죠. 자신의 편안함을 존중받는 것도 쉽지 않죠. 혹은 마음은 있는데 어떻게 행동할지 모르는 경우도 많아요. 그래서 몸 교육이 필요해요. 자녀는 수많은 경험을 겪으면서 성장합니다. 남을 배려하는 건강한 문화가 만들어지려면 가정에서도 보호자의 도움이 필요해요."

학교는 아이들을 대상으로 하는 다양한 수업과 부모교육을 통해 적절한 몸 사용을 습관화하는 실천에 적극적이다. 어른들 앞에서 지켜야 할 몸가짐과 예의범절을 배웠던 나는 더불어 살기 위해 몸 교육이 필요하다는 관점은 신선했다. 이에 집에서 가족끼리 배려하는 몸 사용을 이야기하는 시간을 가졌다.

"난 휴대폰이 정말 싫어! 특히 아빠 휴대폰. 아빠는 항상 그것만 보고 있어."

"뭐? 내가 언제?"

"아빠는 만날 뉴스만 보고, 쉴 때 야구 보고, 만날 일만 하고…."

"아빠는 이게 쉬는 거야. 너는 내 휴대폰으로 게임 하잖아. 이제 아빠 휴대폰이 싫어?"

"나랑은 언제 눈을 맞출 거야? 같이 있는데 아빠는 휴대폰만 하고. 난 외로워."

뜻밖에도 레오는 자신의 건강한 몸 사용을 위협하는 적으로 휴대폰을 지목했다. 아빠의 눈길을 받고 싶은 마음을 솔직하게 말했다. 몸 교육이 확장된 것이다. 눈 맞추며 이야기하고 싶은 순간을 빼앗아가는 휴대폰에게 화가 난다고 확실하게 의사 표현을 했다. 남편과 아들은 합의점을 찾았다. 레오가 대화하거나 놀고 싶을 때, 짜증 내지 않고 정중하게 부탁하면 남편은 휴대폰을 멀리하고 레오와 함께하기로 했다. 식사 시간에는 휴대폰을 쓰지 않기로 약속하는 등 함께 만든 규칙 덕분에 서로를 배려하는 효과를 톡톡히 보고 있다.

제이도 몸 교육과 관련하여 나와 자주 생각을 공유한다. 수시로 사람 사이에 필요한 적정한 몸의 거리, 존중과 배려가 있는 거리 등을 어떻게 표현하면 좋을지 솔직하게 이야기한다. 일방적인 가르침이 아닌 서로 의견을 나누면서 건강하게 몸을 사용하는 법을 나눈다.

누군가와 함께 있을 때는 혼자 있을 때와 다른 몸의 매너가 필요하다. 마음을 전달하는 매개가 바로 몸이다. 몸은 비언어적 표현이자 소통의 수단이며 넓은 의미에서 하나의 신체언어다. 우리는 몸으로도 감정을 주고받는다. 눈빛, 목소리, 움직임, 터치 등 상대에게 자기 뜻을 전할 수 있는 다양한 몸짓이 있다. 이 과정에서 적절한 몸의 거리는 꼭 필요하다. 아무리 친밀한 관계여도 위계나 서열, 또는 친밀감 등을 빌미 삼아 함부로 상대방의 몸을 대할 권리는 없다. 하물며 말에도 적절한 거리가 필요한 법이다. 말에 따라 감정이나 관계가 변할 수 있다. '선을 넘지 말라'는 말이 있다. 여기서 선은 경계선이자 거리를 뜻한다. 즉, 함부로 거리를 좁히는 행위를 하지 말라는 의미다.

내 몸에 대한 결정은 나에게 있다는 '신체결정권'은 자녀들에게도 매

우 중요하다. 가족이나 친척 등 혈연관계든 선생님이나 친구 등 친밀
한 관계를 맺어온 누구든 동의를 구하지 않고 다가오는 불쾌한 거리
는 피해야 한다. 경계를 아는 것이 존중이며 배려다. 몸 수업은 이런
존중이 기본으로 깔려야 편안하고 안전한 관계가 가능하다는 것을 알
려주는 시간이다.

질문으로 자기를 발견하기
: 정체성 수업

자신이 어떤 사람인지 찾아가는 여정은,

아이에게 삶의 방향을 보여준다.

현재 제이와 레오의 학교에는 120여개 다양한 국적의 학생들이 다닌다. 그래서 정체성은 매우 중요한 주제다. 학생들은 개인 특성부터 인종, 성별, 국가, 민족, 문화 배경 등 다양한 정체성을 탐구한다. 또 클럽 활동이나 학교 행사에서도 학생들의 정체성 여정을 진지하게 다룬다. 특히 각국의 전통과 역사, 문화 등을 공유하는 '인터내셔널 데이'는 학교에서 가장 큰 연례행사 중 하나다. 나도 한국 어머니회 소속으로 한국 무용인 검무를 선보인 적이 있다. 이 시간을 통해 한국의 전통문화에 대해 큰 자부심을 느꼈고, 인생 최고의 순간으로 기억될 만큼 강렬한 경험을 했다. 이처럼 다양한 행사를 통해 아이들이 정체성을 경험하는 데는 여러 이유가 있다. 가장 큰 이유라면 세상에서 유일

무이한 '나 자신'을 발견하는 것이다. 나를 찾아가는 글쓰기는 각 학년 언어 수업의 단골 소재이기도 하다.

"지금까지 살아온 경험이 곧 당신입니다. 이제 여러분의 이야기를 글로 적어볼까요?"

수업 중에 이런 경우도 있다. 중학교 2학년 영어 수업에서 학생들 간에 질문을 주고받았다. 음식, 만남, 어려움, 고민, 후회의 순간, 소중한 물건, 기억나는 장소, 사랑하는 것, 소중한 뿌리, 가족 전통 등 다양한 질문거리가 나왔다. 학생들은 이에 답하면서 '나는 어디에서 왔는가'라는 한 편의 시 혹은 수필을 완성했다.

아이 자신의 고유함을 찾는 시간

여기 학교는 한 사람을 파악하는 방법이 한국의 학교와는 사뭇 달랐다. 위인전을 읽고 삶의 지표로 삼으라는 수업의 형식을 예로 들어보자. 한국에서는 주로 위인전을 통해 그들의 업적을 파악했다면, 이곳 학교의 학생들은 그들의 작품이나 회고록을 읽는다. 학생들은 특정 위인의 작품이나 회고록을 읽고 분석하면서 그 위인만의 고유성을 발견한다. 그리고 이것을 자신으로 확장하여 자기만이 가진 특징과 정체성을 찾는 데 활용한다.

이런 수업은 방학에도 멈추지 않는다. 방학 기간에도 나를 잘 드러내어 보여주는 사진을 찍고, 개학하면 이를 공유하는 시간을 갖는다. 이 시간에 학생은 친구들과 선생님 앞에서 자기 자신을 소개하고 설명한다. 나를 만든 가족의 이야기를 공유하는 수업도 있다. 이런 수업들은 학생들에게 자신이 누구인지 끊임없이 고민하고 탐구하게 해준다. 덕분에 누군가 "너는 어떤 사람이야?"라는 질문을 하면 주저하지 않고 말할 수 있다. 이런 정체성에 관한 수업들 덕분에 내가 어떤 사람인지 자신 있게 이야기할 수 있다. 레오와 이런 대화를 나눈 적도 있다.

"레오야, 넌 네가 어떤 사람이라고 생각해?"

"음, 나는 누군가를 웃길 때 행복한 사람이야. 다른 사람을 기분 좋게 만들 때 내 기분이 더 좋아. 엄마랑 비슷하지? 우린 비슷해. 엄마는 나를 웃게 만들면 행복해하잖아. 물론 방법은 조금 다르지만 나도 물어볼게. 엄마는 자신이 어떤 엄마라고 생각해?"

"부족하지만 노력하는 엄마. 그래서 엄마가 생각하기에 참 대견한 엄마."

부모를 위한 자기발견의 시간

이런 수업의 기회는 학생들에게만 주어지지 않는다. 양육자에게도 나를 찾는 시간들이 다양하게 제공된다. 워크숍, 티 모임 등을 통해 부모 자신을 고민하고 생각해보는 시간이다. '부족하다고 생각하지 말아요. 지난 모든 시간을 통해 지금의 당신이 있습니다.' 이런 뜻밖의 위로를 이 시간에 받기도 한다.

부모를 위한 자기발견의 시간이 학생들과 다른 이유가 여기에 있다. 부모는 지난 시간을 떠올리면서 자신을 들여다보면, 부족하고 못난 시간을 더 크게 들추는 경향이 크다. 그때의 자책 때문에 부모라는 정체성이 바람에 촛불처럼 위태롭게 흔들리는 경우가 많다. 다른 부모를 보면 스스로 더욱 위축되기도 한다. 부모라는 이름에서 자유롭지 못하다보니, 나 자신을 발견해내기도 어렵다. 누구나 처음부터 부모가 아니었지만, 부모 이전의 나 자신에 대해서는 기억하지 못한다. 마치 태어날 때부터 부모였던 것처럼 자신만의 고유함을 발견해내는 것을 어려워하고 어색해한다. 이런 이유로 부모의 자기발견 시간에는 부모 이전의 과거로 돌아가 예전의 나를 기억하는 시간을 갖도록 도와준다.

"어린 시절, 부모님은 어떤 아이였나요?"

"부모가 된 이후, '나'를 잊고 지냈나요?"

"나 자신에게 미안한 마음이 들어도 괜찮아요. 지금까지 수고가 많았잖아요. 인정해주세요. 이제 다시 잘 해보자고 화해해보세요."

나도 이 수업의 혜택을 받았다. 지난 4년 동안 힘들고 아팠던 나와 화해하는 시간을 가졌다. 이것은 엄마로서 정체성을 발견하면서 얻은 회복이자 변화였다. 지난날, 다른 엄마들과 나를 비교하면서 가졌던 초라하고 비참한 마음을 내려놓을 수 있었다. 덕분에 레오를 다른 아이와 비교하지 않게 되었다. 자신만이 가진 고유한 특성을 찾아가고 발견하는 여정이 중요한 이유가 여기에 있다. 다른 사람과 비교하지 않고, 나만이 가진 유일하고 소중한 가치를 발견하는 경험을 선사하기 때문이다.

"어떤 아이들은 SNS에 '좋아요'를 많이 받고 싶어서 과감한 노출을 즐기거나 위험한 사진을 올려요. 관심 받고 인정받고 싶은 욕구야 당연하죠. 그럼 그런 행위만으로 존재가 증명될까요? 그저 그런 일상을 사는 모습은 내가 아닌 걸까요? 이것도 나예요. 아이들 마음도 이해해주면서 '좋아요'를 받는 내 모습만이 전부가 아님을 일깨워주어야 해요."

'건강하게 소셜미디어 사용하는 자녀 기르기' 워크숍에서 들었던 말이다. SNS로 보여주는 모습과 현실 사이에 괴리감을 갖지 않도록 균형감을 기르고, 스스로 자신을 깨닫는 정체성 형성이 중요하다는 내용이었다. 자녀 스스로 존재 의미를 깨닫는 경험이 필요하다. 그래야 자신만의 매력을 가꾸기 위해 왜 공부하고, 어떤 공부를 해야 하는지 동기가 만들어진다.

"대한민국에서 청소년으로 사는 것은 열려 있고 펼쳐진 이 세상에서 자신을 가두는 것을 결심하는 일이다." 김현수 정신건강의학과 전문의의 말이다. 공부를 명분으로 감금당한 자녀는 통제와 관리를 벗어나면 문제 학생이 되고 손가락질을 받기 일쑤다. 어른들이 보는 아이들의 정체성이다. 이 역시 위태롭다. 성적만으로 존재 의미를 증명해야 한다면 평생 자신이 누구인지 모른 채 사회 시스템이나 회사의 부품으로만 존재하는 투명 인간으로 머물 수 있다. 혹은 《오즈의 마법사》에 나오는 심장이 없는 양철 인간처럼 부와 명성이라는 기름칠에 의해서만 살아가게 될지도 모른다. 자신이 누구이며, 얼마나 귀한 존재인지 모르고 자란 아이가 건강한 삶을 살아갈 수 없다. 자신을 통제·관리하는 주체가 외부가 아닌, 자기 자신이기 위해서 정체성 수업은 꼭 필요하다.

"뭘 훌륭한 사람이 되려고 그래. 그냥 아무나 돼."

몇 해 전, 한 예능 방송에서 가수 이효리 씨가 한 말이다. 이 말은 많은 시청자들에게 감동을 주었다. 요즘 '훌륭한 사람이 되라'는 말은 폭력적으로 느껴지게 한다. 훌륭하다는 말은 개인의 능력이나 업적을 높게 평가하는 상대적인 개념이다. 예전에는 꿈을 물으면 훌륭한 사람이 되고 싶다는 대답이 많았다. 자신의 정체성을 발견하기도 전에 대뜸 훌륭한 사람이 되고 싶어 했다. 지금처럼 '나는 누구인가?' '나만의 삶은 무엇인가?'와 같은 질문을 받는 일은 거의 없었다. 개인의 정체성보다 집단의 정체성이 중요했기 때문이다.

자기 정체성에 대해 대학생들도 고민이 많았다. 디자인 수업에서 만났던 다양한 전공의 학생들 가운데는 자신이 어떤 사람인지 모르겠다며 나에게 상담을 받으러오는 경우가 있었다. 성적이 우수하거나 남들이 부러워하는 S사, L사에 들어가는 졸업생도 비슷한 고민을 안고 있었다. 교과 성적, 비교우위를 좇아 열심히 살았는데 정체성 없는 투명 인간으로 살아야 하는 두려움을 표현하기도 했다. 집에서든 학교에서든 아이 스스로 정체성을 찾는 과정을 만들지 못하면, 아이의 삶은 중심 없이 표류할 수밖에 없다. 과연 우리 자녀가 이대로 살아도 좋은 것인지 자문해야 하지 않을까.

정체성? 넌 대체 누구니?

"너는 어떤 사람이야?"라는 질문에 신나게 말할 수 있는 아이,

비교하지 않고 자신을 자랑스럽게 여길 수 있는 아이가 되길 바란다면,

어릴 때부터 서툴러도 자기만의 모습을 드러내고 표현하는

아이의 작은 목소리에도 귀를 기울여 주세요.

학교생활을 점검하는 자기평가서 쓰기

학기가 끝날 무렵 초등학교 아이들이 부모님을 초대해 한 학기 동안 배운 내용을 공유하는 자리가 있다. 그동안 공부한 내용을 바탕으로 학생들이 스스로 정리한 과목별 노트와 결과물 등을 설명하는 시간이다. 이 시간에 가장 중요한 순서가 바로 '자기평가'다. 자기 목표를 세우고 달성하는 과정이 고스란히 담긴 아이의 성장기록이 되는 셈이다. 초등학교에서는 수업 습관, 중·고등학교에서는 자기주도 학습 습관을 중심으로 평가하고 기록한다. 이를 통해 학교에서의 생활 습관이 학습 습관으로 이어지는 과정을 명확하게 읽어낼 수 있다.

자기평가는 아이들이 묻고 답하는 과정에서 '스스로를 돌아보는 기회'를 제공한다. 질문이 없으면 성장도 없다. 아이 스스로 자신을 돌아보고 묻고 답하는 것 자체가 중요한 과정이다. 현재 자신이 어떤 상태인지 깨닫고, 그 이유가 무엇인지, 변화를 위해 어떻게 노력할 수 있는지 등을 살필 수 있기 때문이다. 이 과정은 부모님은 물론, 선생님에게도 큰 도움이 된다. 아이를 도울 수 있는 지점을 명확히 알아차릴 수 있어서다. 아이 스스로 문제라고 표시한 항목을 중심으로 구체적인 도움을 줄 수 있다.

다음과 같이 자녀에게 자기평가의 시간을 만들어주자. _____ 안에는 수업 습관, 친구관계 등 점검하고 싶은 내용을 넣고, 이에 따라 점검 항목을 정하여 자녀가 스스로 자기평가를 할 수 있게 도와준다.

> 자기평가서 평가항목(나는 학교에서 이런 사람입니다.)의 예
> 배움과 학교 수업에 열정적입니다. 선생님의 지시와 규칙을 따릅니다. 교실에서 협의를 존중합니다. 혼자서 공부할 때 스스로를 조절합니다. 협력을 잘 합니다. 주어진 문제 해결을 위해 집중을 잘 합니다. 내 행동에 책임을 집니다. 친구를 존중하며, 친절하게 대합니다. 비판적으로 사고합니다. 문제를 더 잘 이해하고 가능성을 찾기 위해 질문합니다…

＿＿＿＿＿ 에 관한 자기평가서

나는 학교에서 이런 사람입니다	매우 노력한다	노력한다	노력하지 않는다

Class 4

호기심을 붙잡는 순간,
공부가 재미있어진다

어려운 개념은 질문으로 연결하기
: 호기심 수업

의미 있는 헤매기는 어쩌면
공부를 게임보다 더 재미있게 만들 수 있다.

공부는 진득하게 앉아 있는 '엉덩이 싸움'이 중요하다고 여기던 시절이 있었다. 하지만 시대가 변하면서 '공부의 재미'라는 말이 등장했다. 학창 시절에 이 말을 경험하지 못한 나는 박사과정을 밟으면서 그 재미를 처음 맛봤다. 진짜 공부의 시작이었다. 무엇보다 알면 알수록 궁금한 것이 꼬리에 꼬리를 문다는 사실이 가장 좋았다. 세상을 잇는 논리가 퍼즐 맞추듯 제자리를 찾아 뿌리를 내리고, 새로운 가지로 뻗어나가는 것 같았다.

내가 뒤늦게 깨달은 공부의 재미를 레오와 제이는 일찌감치 발견했다. 아이들에게 공부는 최소한 지루한 것을 견디는 과정이 아니었다. 궁금했다. 무엇이 '공부가 재미있다'라고 느끼게 만든 것일까. 곁에서 지켜본 결과를 단 몇 줄로 요약하면 이렇다. 수업에서 배운 내용을 학교에만 가두지 않고 학교 밖 세상과 연결했기 때문에 공부가 재미있어졌다고. 이것은 수업내용을 일상과 직접 맞닿게 하는 응용과 탐구 습관으로 이어졌다.

일상과 연결될 때, 공부는 재미있어진다

아이들은 수업에서 공부가 그들과 무슨 상관이 있는지 자주 질문을 받는다. 예를 들어 수학 시간에는 '왜 수학을 배우지?' '수학은 우리 삶에 어떻게 쓰일까?' 등을, 역사 시간에는 '역사는 지금 이 시대를 사는 우리와 어떻게 연결되는가?' 등을 질문하고 생각하게끔 만든다. 체육이라고 다르지 않다. 수영을 배우면 영법에만 매달리지 않고 각자가 아는 수영 지식을 활용하게끔 만든다. 어떻게 하면 최소의 에너지로 수영할지, 물에 빠진 사람을 어떻게 안전하게 구조할지, 바지를 부력 주머니 삼아 물살과 헤엄의 방향을 어떻게 계획할 수 있을지 등을 고민하고 응용하는 식이다. 이런 수업방식을 '문제 기반 학습(Problem-Based Learning·PBL)'이라고 한다.

PBL은 전통적인 문제 중심의 학습법과 정반대 방향에 있다. 학습에 대한 학생의 이해를 확인하기 위해 문제를 푸는 것이 아니라, 학생이 다양한 해결책을 동원하여 문제를 해결하는 것이 목표다. 따라서 학생들은 수많은 질문과 개념을 통해 다양한 갈래의 답을 만든다. 물론 모든 수업을 이렇게 진행하지 않지만, 학생들은 이런 형식의 수업을 각 과목에서 다양하게 접한다. 개념을 익힌 뒤 문제를 푸는 방식과 문제를 먼저 접한 뒤, 다양한 개념을 적용하고 익히는 방식 중에 호기심을 유발하는 것은 당연히 후자다. 학생들은 '왜?' '어떻게?'라는 질문을 다양한 답으로 연결하고, 답을 틀려도 문제에 접근하는 방식이 타당하면 점수를 받는다. 다음은 중학교 3학년 수학시간의 수업내용이다.

- 사진을 이용해 그래프로 인물화를 그릴 것
- 수업에서 다루었던 다양한 함수들을 반드시 활용할 것
- 수업에서 다루지 않았던 새로운 함수 개념을 찾아내어 사용할 것
- 창의적인 제목을 만들 것

주어진 그래프 이미지와 사진은 문제를 푸는 단서다. 학생들은 단서를 보며 수많은 질문이 떠오른다. '왜?' '무엇이?' '어떻게?' '항상 그럴까?' '특별한 시점에만 그럴까?' 등 질문을 통해 창의적 접근이 이루어진다. 한국의 제도권 교육처럼 개념 설명을 듣고 문제를 푸는 방식이 아니다. '왜?'라는 고민에서 시작해 스스로 답을 찾아간다. 다양하게 뻗은 생각의 갈래를 탐구한 뒤 문제에 숨은 개념을 깨닫는다. 진화인류학자들에 따르면 인류 생존과 번영의 근간에 호기심이 있었다. 호기심에 따른 탐색과 탐구로 위험을 피하고, 생존과 이익을 넘은 배움으로 문명을 성장시켰다.[15] 수업에서 호기심이 중요한 이유도 비슷한 맥락이다.

---

15   곽금주(서울대 심리학과 교수), <호기심에 대한 오해와 진실>

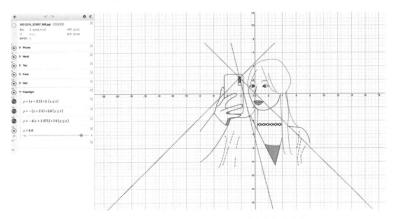

<중3 수학 수업 중 그래프를 활용하여 그린 제이의 자화상>

공부가 만화책처럼 재미있어진다!

"엄마, 내가 가져간 절편 만드는 떡 틀 기억나? 제주도 할머니가 주신 것 말이야. 애들이 작고 예쁜 무기 같다고 해. 상상하고 맞추는 게 즐거워. 다음에는 내가 무엇을 가져갈까?"

초등학교 저학년 학생들을 위해 교실에는 종종 '호기심 박스'가 등장한다. 주로 학생들이 집에 있는 신기한 물건을 가져온다. 다른 학생들은 이 신기한 물건이 무엇에 쓰는 물건인지 유추하며 상상한다. 일주일가량 열정적으로 물건을 관찰하거나 물건을 가져온 학생에게 질문을 던지며 단서를 찾기도 한다. 다만 선생님이 먼저 개념을 설명하고 이미지를 보여주지는 않는다.

"이 그림을 보면 무엇이 떠오르지?"

"작가가 전하고 싶은 메시지가 무엇일까?"

"작가가 말하는 사랑은 우리 일상에서도 반드시 그런 모습일까?"

"너희가 생각하는 사랑은 무얼까?"

이러한 수업방식에는 정답이 없다. 학생들이 자신의 감각으로 직관적인 답변을 내놓는다. 혹은 합리적인 의심을 통해 답을 찾기도 한다. 우리 뇌는 전체를 동시에 읽지 못하므로 눈이나 마음 가는 대로 살피면서 탐색하고, 재미있는 표현이나 내용을 만나면 집요하게 파고든다. 특히 이미지는 텍스트보다 더 많은 상상과 호기심을 불러온다. 이미지가 과거 경험과 만나면서 다양한 생각과 감정이 떠오르기 때문이다. 이렇게 호출된 호기심은 집요한 탐구, 재미있는 공부로 연결된다. 공부가 재미있는 만화책을 읽는 것과 같아지는 것이다. 이렇게 학생들은 꼬리에 꼬리를 무는 질문을 통해 수많은 가능성과 재미있는 공부를 만난다.

의미 있게 헤매는 시간

레오는 한글 수업을 위해 한글학교에 따로 다니고 있다. 선생님을 좋아해서 수업을 재미있게 따라가고 있지만, 읽고 쓰는 숙제는 힘들어한다. 교과서는 '설명하면서 보여주기' 방식이라 별반 호기심을 느끼지 못한다.

그렇다면 재미있는 공부를 위해서는 무조건 호기심을 유발해야 할까? 학생들 스스로 질문을 찾도록 흥미 위주의 콘텐츠에 집중해야 할까? 아니다. 호기심을 활용하는 수업을 관찰한 결과, 가장 중요한 것은 학생들에게 의미 있게 헤매는 시간을 만들어주는 것이다. 이른바 '생산적인 헤매기(productive struggle)'이다. 이는 학생 스스로 이해해보려는 노력을 의미한다. 당연히 시간이 더 걸리고 답답하다고 느낄 수 있다. 이때도 지나치게 자녀를 돕거나 관여하지 않는 것이 중요하다.

"자녀를 대신해서 문제를 해결해주지 마세요. 곁에서 돕는 어른은 자녀가 문제를 풀지 못해도 괜찮다고 말해줄 필요가 있어요. 그래야 자녀가 불안하거나 창피해하지 않아요. 이것이 생산적인 헤매기를 하는 의미입니다. 문제를 풀지 못할 수도 있어요. 그래도 괜찮아요. 언젠가는 자기 것으로 만들 수 있다는 확신이 중요해요. 그럼 자녀가 어려움이 있어도 문제를 풀어가는 과정을 즐기게 되어요."

대학 강의를 처음 맡았을 때, 나는 어떻게 하면 좋은 수업을 만들지 관심이 높았다. 학생들이 쉽고 재미있게 이해하며 자기 것으로 만들 수 있게끔 수업을 짜고 싶었다. 하버드 명강의 테드(TED) 등을 찾아가며 많이 고민했다. 이런 과정을 거치며 깨달은 바가 있다. 좋은 수업은 '생산적인 헤매기'를 매우 중요한 시간으로 다룬다. 이를 잘 단련한 학생은 수업에서도 스스로 질문을 찾아내고 답한다. 그 결과 공부가 재미있고 즐거운 시간으로 바뀐다.

아쉽게도 한국의 대다수 학생들은 이런 부분에서 긍정적인 경험이 거의 없다. 생산적인 헤매기를 경험하기 전에 타율에 따라 학원에 끌려가기 때문이다. 성적 올리기라는 명확한 목적을 지닌 학원은 정해진 시간 내 개념을 정리해 머릿속에 집어넣는다. 학생 스스로 개념을 고민하고 생각하면서 자기 것으로 만들어갈 시간이 주어지지 않는다. 학생의 시간은 없고, 보호자의 시간만 지배한다. 이런 주입식은 유아가 소화를 잘하도록 음식을 잘게 부숴주는 것과 같다. 문제는 아이가 자라도 같은 방식으로 밥을 먹게 된다. 치아와 턱 근육의 고른 발달이 방해를 받은 탓에 잘게 쪼개진 음식만 소화할 수 있는 어른이 된다고 상상해보자. 어떤 보호자도 자녀가 이렇게 자라길 바라지 않을 것이다. 따라서 우리는 배움과 성장에 대하여 새로 접근해야 한다. 자녀 스스로 고민하고 생각하는 방식이 익숙해지도록 지켜보고 기다려주는 시간이 꼭 필요하다.

학교에서는 아이들이 중등 과정에 접어들면 차츰 자기만의 공부 습관을 들이도록 유도한다. 중학교 적응을 돕는 부모교육 세미나에서 빠지지 않고 등장하는 말이 있다. "곁에서 해주지 말고 스스로 알아서 하도록 조금 더 기다려주세요." 자녀가 모를 때 즉각 알려주는 것이 능사가 아니며, 스스로 고민하고 질문하고 답을 찾아갈 수 있도록 기다려주는 것이 중요하다는 말이다. 수업 안팎에서 일어나는 다양한 노력 덕분에 제이와 친구들은 호기심을 확장하면서 공부의 재미를 경험했으며 자신만의 공부 습관을 찾았다. 자녀의 긍정적인 공부 습관을 만드는 데 기다림보다 중요한 도움이 없다는 말은 내게 금과옥조로 남아 있다. 어른이 다그치고 주입한다고 자녀들이 기계처럼 결과물을 내놓는 것이 아니다. 배움의 과정에서 스스로 의미 있는 시간을 만들 때 자녀는 성장한다. 그래서 기다림은 부모가 갖춰야 할 가장 중요한 덕목이다.

아이들은 너무 많이 알아도 호기심을 잃고 집중하지 못한다. 무릇 인간은 궁금해야 호기심이 생긴다. 이미 알고 있으면 뇌는 흥미를 찾아 다른 곳으로 주의를 돌린다. 선행학습의 단점이다. 흥미 감소, 집중력 저하로 수업에서 멀어진다. 공부에 관심이 없었던 자녀가 재미있는 공부로 나가는 데 어떤 경로를 걸으면 좋을까? 요즘 학생들의 문해력에 대한 우려가 높다. 하지만 여전히 많은 보호자가 예습과 반복 읽기를 권한다.

"먼저 한 번 읽어봐. 모르면 또 읽어."

"모르는데 또 읽으라고요?"

몰라도 또 읽어보라는 요구에 자녀는 그나마 작게라도 남아 있던 공부 의욕을 상실한다. 특히 각종 웹툰, 짤영상, 동영상 등 보는 것에 익숙한 자녀에게 독서처럼 집중을 요구하는 읽기는 더더욱 어렵다. 이럴 때 자녀와 함께 읽으면서 호기심을 깨워보면 어떨까. 함께 헤매는 시간을 보내면서 질문을 통해 아이의 생각을 펼쳐보면 어떨까. 그렇게 함께 생산적인 헤매기 과정을 겪다보면 아이의 호기심과 함께 공부에 재미를 길러줄 수 있다.

"어, 이거 그 이야기랑 비슷하다. 기억나니? 우리 같이 봤던 그 영화?"

아이의 호기심을 어떻게 다룰까?

호기심 속에는 문제를 해결하고 새로운 생각을 피워내는 힘이 있어요.

아이들의 쓸데없어 보이는 호기심도 소중하게 다루어주세요.

의미를 이미지로 떠올려보기
: 시각화 수업

의미를 이미지로 구체화하는 과정은
공부하는 흥미를 한 단계 더 높여준다.

"몸이 크다고 많이 먹는 건 불공평한 것 같아. 오늘은 내가 똑같이 나눠줄 거야."

레오가 식탁 음식을 가족 각자의 앞 접시에 나누어 담으며 신이 났다. 그날은 학교에서 분수를 배워 구성원들에게 똑같이 나누는 방법을 알아낸 날이었다. 이런 레오 덕분에 음식은 공평하게 골고루 가족 구성원에게 분배되었다. 이는 우리 집만의 일이 아니었다. 다른 학생들도 수업을 통해 배운 것을 집이나 일상에서 적용하거나 응용했다. 공통점은 또 있었다. 학교에서 배운 것을 일상에서 적용하는 자신을 매우 뿌듯해했다는 후문도 돌았다. 학교 수업이 가져온 긍정적인 효과였다. 이것이 어떻게 가능했을까?

평등, 공정, 정의란 무엇일까? [16]

생각을 넓혀주는 이미지의 힘

수업은 다양한 질문을 통해 학생들이 일상에서 경험했거나 알고 있는 것을 떠올리도록 유도한다. 예를 들어 분수를 배우는 과정에서 똑같이 분배되지 않는 피자를 떠올리게 하는 방식이다. 즉 피자 한 판을 떠올려 '전체'라는 개념을 연상하게 만들고 관심과 흥미를 일으킨다. 하루는 학교에서 공평/불공평 개념을 정리하는 시간을 가졌는데, 수업 중에 이런 대화가 오갔다.

"집에서 나에게 불공평하게 대하는 사람이 있나요?"

"(학생들이 돌아가면서) 엄마/할아버지/선생님/형이 나에게 불공평

---

16   때로는 한 장의 이미지가 한 줄의 문장보다 아이에게 더 강렬하게 다가온다. 사진을 일러스트로 재구성(CAWI), Ottawa, A Guide for Municipalities, by City for All Women Initiative

하게 대해요."

"그렇다면 공평하다는 것은 무엇일까요?"

"똑같이 대하는 거요." "모두 만족하는 거요."

"그럼, 선생님이 똑같이 대하면 모두 만족할까요?"

"네." "아니요." "그럴 수도 있고, 아닐 수도 있죠."

"선생님은 학교에서 어떻게 여러분 각자를 공평하게 대할 수 있을까요?"

"먼저 우리 각자를 알고 이해해야 해요." "맞아요. 각자 필요한 도움을 줄 수 있게요."

이런 대화가 오간 뒤, 선생님이 그림을 한 장 꺼내 물었다.

"어느 쪽이 공평할까요?"

학생들 사이에서 '아하~' 감탄사가 나왔다. 그림 한 장으로 학생들은 직감적으로 공평/불공평 개념을 알아차렸다.

수업은 이처럼 시각 자료를 적극적으로 활용한다. 시각 자료는 시각적인 단서를 가진 모든 것을 의미한다. 시각 자료를 보여주는 방식에 따라 생각의 폭과 깊이는 커진다. 학생은 아는 것부터 내용을 확장하거나 반대로 아는 사실과 경험을 토대로 단서를 모아 정리하기도 한다. 주어진 시간 내 각자가 가진 경험과 생각을 꺼내놓고 이야기를 나누는 방식 덕분에 학생들은 즐겁게 수업에 참여한다.

생각을 그림으로 정리하는 법

레오와 제이는 친구들과 나눈 다양한 생각을 수많은 단어와 그림으로 쪼개면서 주제를 이해하는 방식으로 공부한다. 이는 개념을 외우는 방식보다 오래 기억하고, 다양한 상황에 맞춰 응용이 가능하다. 학생들이 연상된 이미지에 뼈와 살을 붙여 스스로 의미를 확장한 덕분이다. 지식이 경험 속으로 스며들 수 있음을 보여주는 공부법이다.

중학교 1학년 학기 초는 학생들의 긴장도가 매우 높다. 초등학교보다 훨씬 어려운 학습 내용 때문이다. 이 시기, 각 과목 선생님은 첫 수업 때 과제를 내준다. 과목별 공책 표지를 꾸미는 동시에 해당 과목과 자신을 연결하여 설명할 것을 주문한다. 예를 들어 수학은 자신이 좋아하거나 의미 있는 숫자로 표지를 장식하고 설명할 수 있다. 제이는 글쓰기 과목에 자신이 좋아하는 주제나 관련한 작품의 작가로 표지를 꾸미고 이에 대해 설명했다. 사회 과목 노트에는 지도와 깃발, 남북한 관계를 암시하는 표현을 담았다.

이런 방식은 과목별 개념이해를 돕고 흥미를 높인다. 이런 사례도 있다. 제이가 '지구 생명의 역사'를 뮤직비디오로 만드는 과제를 받았다. 여기에 자신과 관련한 내용이 꼭 들어가야 했다. 제이는 친구들과 상의하여 포유류의 진화를 주제로 정했다. 이에 빅뱅을 시작으로 진화하는 생명체 이야기를 담았다. 직접 가사를 쓰고 노래를 부른 것은 물론, 현재 각자 자신의 이야기도 엮어냈다. 이를 위해 지구와 생명체의 진화과정을 공부하고 그 내용을 정리했다. 그들은 몇날 며칠을 피곤한 줄 모르고 함께 신나서 작업했다. 재미와 호기심이 과제를 잘하고 싶은 욕심을 부르고 의지를 북돋웠다. 공부의 재미를 만끽한 것이다. 디자인 분야에서는 이것을 정보 구조화 혹은 시각화라고 부른다.어렵

사진을 보고 추측하기	저학년 아이들의 수 개념 적기	주제의 의미연결, 확장하기
작문노트 표지(글과 나)	수학 노트 표지(수와 나)	과학 단원 시각화 (과학 실험을 위한 안전)
웰니스 시각화 (나의 스트레스)	웰니스 단원 시각화(문화)	과학 단원 시각화(힘의 작용)

어렵거나 모호한 개념을 이해하기 쉽고 명확하게 그림, 이미지, 도표, 키워드 등으로 표현하면 공부에 더 흥미를 가질 수 있다. <레오와 제이가 제출한 '주제/개념 시각화' 예시>

거나 모호한 개념을 이해하기 쉽고 명확하게 그림, 이미지, 도표, 키워드 등으로 표현하는 방법이다. 앞선 과제에서 제이와 친구들은 '청킹(chunking)'이라는 인지 방법을 활용했다. 이는 유사한 주제를 의미 있게 연관 지어 묶는 과정이다. 이런 의미 묶음은 개념을 기억하는 데도 도움이 된다. 제이의 과학 과제는 시각화와 스토리텔링을 동원했다. 특히 나를 중심으로 구체화함으로써 공부가 일상과 어떻게 관련되는지 의미를 발견할 수 있다. 즉, 공부가 세상과 나를 어떻게 연결하는지 이해할 수 있다.

이러한 활동은 첫 수업뿐 아니라, 새로운 단원에 들어갈 때 등 꾸준하게 이어진다. 과제가 떨어지면 학생들은 정보를 검색하고 다양한 자료를 찾는다. 이 과정에서 앞으로 배울 내용을 상상하고 의미를 익힌다. 자신이 얻은 정보와 이미지는 생각의 텃밭에 거름으로 뿌려진다. 특히 자신과 연결 짓는 과정에서 해당 과목이나 단원이 삶과 관계를 맺고, 공부의 의미도 찾을 수 있다. 수업내용을 나와 관련지어 구체적으로 그리면 해당 과목을 공부하는 이유를 스스로 발굴하면서 세계를 확장할 수 있다. 공부를 왜 하는지 의미를 찾으면 공부는 자연히 재미있어지는 것이다. 이처럼 공부의 재미는 공부 습관과 연결되는 핵심 요소다.

"관심과 애정이 생기면 그 대상과 가까워지려고 노력하듯 공부도 자녀가 의미를 찾아가게 만드는 것이 중요해요. 누군가 모든 내용을 정리해 머리에 주입해주고, 어른의 기대에 부응하고자 마지못해서 하는 공부는 오랫동안 지속하기 힘들어요. 자녀가 이런저런 생각과 상상을 하면서 스스로 개념에 가까워지는 패턴이 반복된다고 생각해보세요. 이때 재미와 기쁨을 느낍니다. 공부를 스스로 하는 것과 남이 시켜서 하는 차이는 단순해요. 그 방법만 알면 그때부터는 아이가 알아서 할 거예요."

들썩들썩 책 탐험하기
: 도서관 수업

책과 즐겁게 놀아보는 경험이
책과 가까운 아이로 만든다.

대다수 부모들이 책 읽기의 중요성을 잘 알고 있다. 하지만 '어떻게'가
문제다. 책에 마음을 붙이지 못하는 자녀로 인해 책은 인테리어 소품
으로 전락하기도 한다. 이것은 아이의 잘못이 아니다. 책과 관련한 재
미있는 경험이 충분하지 않아서 그렇다. 책이 낯설어 가까워지지 못
했을 가능성이 크다. 아이의 책 읽기에 부모의 노력이 필요하다는 것
을 깨닫게 된 계기가 있다. 자녀의 올바른 읽기 습관을 위한 부모 워크
숍에서 어느 보호자가 질문을 던졌다.

"가족 모두 책을 읽지 않아요. 그런 제가 어떻게 책을 읽으라고 할 수
있을까요?"

"좋은 질문이네요. 하지만 꼭 그렇지는 않아요. (두 손가락으로 드래

그하듯 마치 휴대폰 화면을 키우는 듯한 몸짓을 취하며) 자녀는 대개 책보다 다른 경험에 빠져 있거든요. 그렇다면 중요한 것은 책 읽기가 아니라 읽기 그 자체죠. 읽는 모습을 보여주는 부모가 되는 거예요. 자녀에게 긍정적인 읽기 경험이 생겨야 책 읽기가 쉬워져요. 자, 휴대폰으로 무엇을 하시나요?"

"뉴스를 봐요. 쇼핑도 하고, 문자도 주고받아요."

"그것으로 시작해보죠. 뉴스 읽기도 읽는 거예요. 쇼핑도 꼼꼼히 읽어야 하죠. 문자도 마찬가지예요. 문자를 읽고 맥락을 이해해야 전하고 싶은 메시지를 보낼 수 있지요. 이게 읽기예요. 그럼, 자녀에게 어떤 모습을 어떻게 보여야 할까요?"

"휴대폰 '하는' 엄마가 아니라 '읽는' 엄마요."

"맞아요. 휴대폰을 보고 있을 때, 자녀가 다가오면 '잠시 기다려줄래? 지금 읽던 것만 마저 읽고'라고 말씀하세요. 당당하게요. 그럼 자녀가 기다리면서 배우고 존중하기 시작할 거예요. '저렇게 오랫동안 읽는 것을 보니 읽기가 재미있는 거구나' 생각하면서요. 정말로 흥미롭고 재미있는 기사는 같이 읽어주세요."

자녀 앞에서 부모가 휴대폰을 사용하는 행위에는 변함이 없다. 읽는 부모의 모습은 책 읽기에만 해당하는 것이 아니다. 읽기 영역은 얼마든지 확장 가능하다. 선생님은 자녀에게 읽기의 즐거움을 알게 해주는 것부터 시작하면 좋다고 조언했다.

책 읽기, 놀이처럼 신나는 일상 경험

읽기 교육을 담당하는 선생님들은 읽기 다음에는 자녀와 함께 책으로 놀이를 하거나 책을 경험할 수 있는 장소에 가는 노력이 동반되어야 한다고 강조한다. 이를 통하여 자녀는 제대로 된 책 경험을 접하고, 흥미진진한 책의 세계를 열 수 있다.

제이와 레오는 책을 좋아하면서 자랐다. 생각해보건대, 제이는 책과 관련한 많은 체험, 레오는 책과 노는 시간이 많은 수업 덕분이다. 코로나19 팬데믹이 시작하기 전, 나는 한 주에 한두 번 학교 도서관에 봉사활동을 나갔다. 책 정리를 할 때, 소화기나 액자 뒤, 큰 책들 사이에 작은 책이 숨겨져 있는 것을 보면 배시시 행복한 미소가 나온다. 어떻게 이런 장소에 책을 숨기고 읽을까 싶은 생각이 든다. 어느 날, 도서관 수업이 있는 레오가 책을 정리하는 내게 다가와 느닷없이 자백(?)했다.

"엄마, 오늘 내가 재미있는 책을 찾아냈어. 근데 빌릴 수 있는 한도를 초과해서 누구도 상상할 수 없는 곳에 책을 숨겼어. 아무도 보지 않는 졸업앨범 책장이야. 내 아이디어 어때? 그런데, 엄마가 좀 힘들 수도 있겠다. 가끔 책을 어디 숨겼는지 잊어버릴 때도 있거든. 다른 애들도 다 그래, 알지?"

레오가 약간은 자랑스러운 듯 말했다. 레오 말대로 이런 책을 찾아 제자리로 돌려놓는 게 조금 힘든 것은 사실이다. 하지만 보물 숨기듯 책을 숨기는 아이들이 귀여워서 이런 수고쯤은 아무것도 아니었다. 내가 도서관 자원봉사를 하는 동안, 레오는 재미있는 책을 더 많이 발견하는 행운을 얻었다. 책을 정리하는 과정에서 흥미로운 표지를 발견하면 곁에서 이를 읽어 내려갔다. 그렇게 읽기를 좋아하는 레오는 '책듣기'도 즐긴다. 내가 읽어주는 책을 특히 좋아한다.

책이 살아 있는 영국의 서점과 도서관

제이도 책을 즐긴다. 여기에는 영국에서 자란 영향도 있다. 영국은 한국과 비교하여 책을 즐기는 학생이 월등히 많다. 가정과 학교, 마을에서 어릴 때부터 다양하게 책을 경험한다. 이들에게 책은 읽기만 가능한 종이 뭉치가 아니다. 책은 (이상한 나라의) 앨리스가 마셨던 마법의 물약(몸을 크고 작게 바꾸는 약)이고, 보물을 찾아가는 미로이며, 새로운 세계로 통하는 문이다.

서점과 도서관 등 책을 만날 수 있는 공간은 다채로운 무대 같다. 서점만 봐도 한국 대형서점에서 흔히 보는 책 분류와 판이하다. 예를 들어 비 오는 날 학교 가기 전에 읽고 싶은 책, 시련 당한 사람에게 권하는 출근길 동반 책 등 책장 구성부터 호기심을 자극한다. 덕분에 마음이 이끄는 대로 재미있는 책에 손이 저절로 간다.

제이의 독서 습관은 영국 곳곳에서 만날 수 있는 책 관련 프로그램을 자주 경험한 덕분이다. 당시 우리 가족은 주말과 휴가 기간이면 영국의 여러 역사문화 유적지를 방문했다. 나는 경험디자인 박사 논문을 쓰느라 여러 곳을 다니며 관찰한 내용을 기록하고 분석하는 데 힘을 쏟고 있었다. 어느 곳을 가든 책과 관련한 공간들이 우리를 반겨주었고, 제이와 레오는 이를 실컷 누렸다. 유적지를 가면 그 시대를 다룬 책은 물론 연극, 음식 등을 마주할 수 있었다. 주말에 자주 방문했던 햄스테드히스 저택에는 자원봉사자들이 역사 속 캐릭터로 분장하여 아이들과 만나기도 했다.

영국 공공도서관의 '읽기' 프로그램 또한 아이들에게 책의 재미와 기쁨을 알게 해주었다. 책을 빌리러 도서관에 가는 주말이면 아이들은 이번에는 어떤 책 속 인물을 만나게 될지 기대하며 집을 나섰다. 프로그램 강사의 말투와 행동을 보고 어떤 인물인지 맞히는 퀴즈도 큰 재미 중 하나였다. 방문객 발길이 끊이지 않는 저명한 문학가의 집 방문도 마찬가지였다. 세계에서 가장 유명한 토끼 이야기를 다룬 《피터 래빗》의 작가 베아트릭스 포터 집에서는 신기하게도 책에 그려진 장소를 만나기도 했다. 제이와 레오는 어린이용 안내지도를 들고 책과 연결된 모험을 마음껏 즐겼다. 책이 품고 있는 이야기의 자취를 찾는 일은 보물찾기와 같았다.

책 속 인물이 되어보는 캐릭터 데이

책이 품은 세계를 상상하고 느껴본 경험은 책 읽기를 즐겁게 만드는데 매우 효과적이다. 제이와 레오의 학교에서는 유치원생과 초등학생을 대상으로 '캐릭터 데이(Character Day)'를 진행한다. 책 속 인물로 변장하여 책을 들고 퍼레이드를 하는 행사다. 나는 이 행사 준비과정을 특히 좋아한다. 이 행사의 백미는 학생들이 좋아하는 책을 선정하고 캐릭터를 골라 그 특징을 잡아내는 경험 그 자체다. 자녀와 보호자가 합심하여 공을 들이는 모습을 지켜보는 것만으로 무척 즐겁다. 행사 의상과 소품 제작 등을 위해 보호자도 도움을 주면서 참여한다. 이 행사는 살아 있는 책을 경험하게 해주는 것 외에도 다양한 책을 만나고 읽고 싶게 만드는 역할을 한다.

학교의 사서 선생님은 책과 관련한 각자의 경험이 얼마나 중요한지 늘 강조한다. 이 선생님은 레오가 학교에 갓 입학했을 때, 큰 소리로 책을 읽는 레오를 내가 조용히 시키지 않도록 주의를 주었던 분이다. "책 읽는 아이에게 조용히 하도록 주의를 주지 않아도 괜찮아요. 혹시 책으로 캐치볼이나 축구를 하지만 않는다면요. 학생들이 책을 보면서 더 많이 즐겁게 웃고 떠들고 놀았으면 좋겠어요. 초등학교에서 도서관은 무엇보다 책과 재미있게 노는 공간이거든요."

그야말로 요란하고 시끌벅적한 도서관이다. 그때까지 이런 도서관을 만난 적이 없었다. 물론 학생들이 소리를 지르거나 큰 소리로 대화를 나누지는 않는다. 책을 읽으며 키득거리고 보드게임을 하며, 낮은 소리로 웃고 말하는 모습, 엎드리거나 누워서 책을 읽는 아이들의 모습은 그저 신기할 따름이다. 여럿이 둘러앉아 이야기를 나누면서 책을 보는 광경도 흔하다.

크리스마스를 앞둔 어느 날, 도서관은 활기가 넘치고 전보다 더 시끌시끌했다. 초등학생들은 방학 동안 읽을 만한 책들을 골라 친구 이름이 적힌 북백에 담느라 분주했다. 친구에게 주는 크리스마스 선물인 셈이다. 재미있게 읽었던 책, 친구에게 추천하는 책이 겨울 방학을 더 특별하게 만들어준다는 생각에 들떠 있는 모습이었다. '크리스마스 선물용 북백 행사'는 선생님들의 특별한 아이디어로 기획되었다. "아이들이 책을 고르는 경험도, 책을 추천받는 일도 아이들에게 좀 더 즐겁고 의미 있게 만들어주고 싶었어요. 그게 책에 대한 즐거운 호기심으로 연결되면 좋겠어요."

살아 있는 도서관을 만드는 선생님들의 기획은 이뿐만이 아니다. 올해의 도서로 선정된 책들의 내용을 담아 짧은 도서관용 공연으로 만들어 선보이는 행사도 있었다. 공연은 대성공이었다. 초등학교 정규수업인 '도서관 수업'에 참여한 학생들이 뜨거운 반응을 보였다. 도서관이 이렇게 시끄러워도 되나 싶을 정도로 생소하면서도 즐거운 경험이었다. 이런 도서관 풍경은 사서 선생님들 덕분에 가능했다. 학생들이 책과 즐겁게 놀 수 있는 경험을 선사해주고 싶은 사서 선생님들의 노력이 아니었다면 이런 기획은 어려웠을 것이다. 또한 호기심을 깨우고 배움을 즐겁게 만들고자 하는 학교의 지원도 있었다.

그 덕분에 탄생한 것이 도서관 수업이다. 모든 학생은 매주 이 수업에 참여한다. 대인관계, 사회, 문화, 정치, 경제 등 다양한 분야 책을 함께 읽고 토론한다. 또 새로운 캐릭터 만들기, 결말 다시쓰기 등 다양한 탐구과제를 수행한다. 교과와 연결된 책을 찾아 담임선생님께 소개하는 일도 사서 선생님 몫이다. 담임선생님도 소개받은 책들 중에 레오에게 맞는 책을 선정하여 알려주었다. 레오는 수업이 끝난 뒤, 종종 도서관을 찾는다. 수업내용이 어려워서 도움이 되는 책을 찾거나 새로운 공부에 필요한 책을 찾는 일도 사서 선생님들을 통하면 쉽게 해결된다.

만약 누구라도 책을 다채롭게 경험한다면 그동안 다른 용도로 사용한 일을 떠올리며 미안한 마음이 들지도 모르겠다. 책은 잠을 부르는 자장가나 뜨거운 냄비 밑에 두는 받침 따위가 아니다. 책은 그 자체로 하나의 놀이이자 즐거움이다. 아이들이 열광하는 게임보다 더 애착을 느낄 만한 대상이 될 수 있다.

독서의 효능을 아무리 강조하고 주입한다 해도 자녀가 자발적으로 책을 가까이할 여지는 높지 않다. 어떻게 하면 책을 읽게 만들지 고민만 한다고, 좋은 강연을 듣는다고 책을 읽는다는 보장이 없다. 책에 대한 긍정적이고 재미있는 경험을 쌓도록 기회를 만들어주는 것이 중요하다. 책이 삶의 일부로 스며든다면, 아이는 평생을 함께 할 안전한 친구를 얻는 것이다. 삶의 문제를 해결할 방도를 떠올리거나 좋은 길을 함께 걷는 친구 말이다.

책 때문에 시간이 이대로 멈추었으면
하고 생각했을 때가 언제였더라?

아이가 읽는 즐거움을 느끼는 순간이 있었나요?

그 즐거움의 순간을 포착해

일상적인 경험 기회를 자주 만들어 주세요.

결과보다 과정을 칭찬하기
: 실수 수업

> 학교는 아이들의 실수와 실패를 적극적으로
> 보듬고 지지하는 곳이어야 한다.

'너의 실수(mistakes)를 기대할게!'

아이 학업과 생활에 대해 상담하는 시간, 복도에서 수학 선생님을 기다리는 중이었다. 그런데 창문 너머 벽면에 붙은 표어가 한눈에 들어왔다. 처음에는 오타가 아닌가 싶었다. '실수하면 미래 아내/남편이 바뀐다.' '실수하지 않는 것이 실력' 등과 같은 말에 익숙했던 나였으니 그럴 만도 했다. 한데 실수를 기대한다니! 놀랍고 반가웠다. 이 문구는 학교 내 수학, 과학 교실에서 쉽게 찾을 수 있다.

실수를 존중하는 것은 분명 학생들에게 새로운 배움의 길을 열어준다. 언젠가 내게 융합 디자인 수업을 받았던 공대생들이 떠올랐다. 그들은 이구동성으로 답 없는 상황에서 생각하는 것이 너무 어렵다고 말했다.

"수학, 과학은 답이 정해져 있어 쉽고 편안하지만 창의적으로 사고하는 건 어려워요."

"답이 다양할 수 있다는 게, 여러 갈래로 펼쳐질 수 있다는 사실이 너무 어색해요."

"길을 못 찾고 허공을 떠도는 기분이에요."

실수를 용납하지 않는 분위기에서 자란 공대생들의 푸념이 안쓰럽게 다가왔다. 실수 없는 정답을 강요하는 우리나라 교육은 어디서부터 잘못된 것일까? 물론 입시제도가 가장 큰 원흉이겠지만, 학교는 사실 실수를 밑도 끝도 없이 용납하는 곳이어야 한다. 실수를 통해서 더 많이 배울 수 있기 때문이다. 학교가 아니면 우리는 어디에서 실수를 통해 배울 수 있을까? 물론 실수가 꼭 창의성과 연결되는 것은 아니다. 하지만 실수를 용납하지 않는 경직성은 창의성의 반대라는 것만은 확실하다.

실패할수록 더 성장하는 아이

글로벌기업 3M은 잘 달라붙지 않는 테이프를 만든 실수에서 새로운 쓰임을 발견했다. 포스트잇은 그렇게 실수에서 탄생했다. 아이보리도 재료를 잘못 배합하는 바람에 가라앉지 않고 물에 뜨는 비누를 만들었다. 가구 이케아도 고객이 실수로 잘못 구매한 가구를 꼼꼼히 연구하면서 반품을 크게 줄이고 고객 만족도를 높였다. 이렇듯 우리가 사용하는 히트상품들은 실수에서 비롯되었거나 실수를 거울삼아 만들어진 경우가 많다.

어른이나 아이 할 것 없이 실수는 누구나 한다. 특히 아이일 때 더 많이 실수를 한다. 이런 아이들의 실수를 놓고 흥미로운 접근이라며 궁금해하는 경우도 있다.

"왜 그렇게 생각했어?" "비슷한 사례가 있을까?"

이런 질문에 답하는 과정에서 새로운 관점이 나오기도 한다.

경기도에서 주관한 학생 대상 '혁신 제품/서비스 개발 공모전'이 바로 그런 경우였다. 당시 심사위원으로 참여했던 나는 다른 심사위원들과 상의 끝에 일부 행사 과정을 수정하는 것에 합의했다. 당초 결과물 제출 후 심사와 시상(표창)으로 이어지는 과정을 변경했던 것이다. 심사 이후에 참가 학생들은 자신의 아이디어를 발표하고, 전문가들과 의견을 나눈 뒤에 아이디어를 수정·보완하는 워크숍 과정을 추가했다. 심사 뒤, 시상하고 끝날 행사가 서로의 생각을 나누는 장으로 탈바꿈했던 것이다. 학생들은 전문가들과 이야기를 나누면서 자신이 낸 아이디어의 문제를 새롭게 정의하고 영감을 받을 수 있었다. 이 과정을 통해 학생들이 만든 결과물은 수준이 크게 향상되기도 했다.

"실패가 나를 키웠어요. 로봇도, 사람도 넘어질 때 배웁니다. 성공하면 행복한 것이고 실패하면 배우는 겁니다."

세계 10대 젊은 과학자이자 로봇공학자인 대니스 홍은 실패의 중요성을 이렇게 강조했다. 그는 또 좋아하는 일과 잘하는 일을 조화롭게 융합하라는 말을 남기기도 했다. 좋아하는 일과 잘하는 일이 일치하면 좋겠지만 그렇지 않은 경우가 많다. 많은 사람들이 이것 때문에 고민한다. 자녀가 이런 경우에 해당한다면 보호자는 어떻게 조언하면 좋을까? 좋아하는 것과 잘하는 것은 다르지만, 좋아하면 잘할 수 있는 여지가 높아진다. 따라서 실패해도 성장에 대한 믿음을 주는 것이 중요하다.

"실패해도 괜찮아. 이걸로 끝이 아니야. 너는 여전히 많은 가능성을 가지고 있고, 잘 할 수 있어."

청소년 범죄율이 높은 뉴욕 할렘가에 있는 한 공립학교에서 '한국식 교육'으로 졸업생 전원을 대학에 입학시킨 일이 있었다.[17] 여기서 언급한 '한국식 교육'은 도전을 통해 자신에 대한 믿음과 용기를 길러주는 것이었다. 할렘가 청소년들은 누구보다 실패에 익숙했다. 자신들이 실패한 인생을 살 것이라는 의식이 지배하는 환경이었다. 그럼에도 불구하고 학교 선생님들은 끊임없이 학생들을 격려하고 지지했다. 어제보다 나은 내일을 만드는 '한국식 교육'에 잘 따라오는 학생들도 있었고, 그렇지 못한 학생들도 있었다. 하지만 선생님들은 이 모든 학생들을 끝까지 위로하고 응원했다.[18] 학생들의 잦은 실패와 실수에도 타박하지 않았다. 선생님들은 실수와 실패의 힘으로 더 성장할 수 있다는 믿음을 심어주었다. 그 과정에서 한국의 문화, 음식, 드라마 등으로 학생들의 호기심을 깨워주었다. 그 덕분인지 학생들은 입

---

17 KBS, 2017. 3. 4. <다큐 공감 : (189회) 청소년 범죄율 1위, 뉴욕 할렘가에서 시작된 한국식 교육의 기적>

18 다큐멘터리에서 보여준 '한국식 교육'은 아이들에게 희망을 불어넣어 주고 내일을 향해 도전하게 하는 교육을 의미한다. 교육을 통해 얼마든지 삶을 바꿀 수 있다는 메시지를 담고 있다.

을 모아 말했다.

"생각보다 제가 할 수 있는 일들이 많은 것 같아요."

"내가 나고 자란 할렘을 돕는 사람이 되고 싶어요."

"나라를 위해 제가 할 수 있는 일들을 찾아보고 싶어요."

'너는 너' '나는 나'라는 식의 개인주의가 팽배한 미국에서 관계 지향적 교육방식은 유효했다. 아이들 입장에서 '잘할 수 있다'고 용기를 북돋워주고, 아이들이 노력하는 과정을 애정으로 보살피고 돌보는 방식이 그것이다. '한국식 교육'이라고 일컫는 프로그램을 보고 느끼는 바가 크다. 아이 하나하나 애정으로 돌보는 우리 교육의 잠재력은 엄청나다. 아이를 관심 있게 살피면 실수나 실패의 기억은 성공을 향한 강력한 동기가 될 수 있다. 적절한 노력과 지지가 더해지면 실패는 성공으로 가는 길로 얼마든지 향할 수 있다.

애정이 있는 한 아이에게 탐구와 모험을 시도할 기회를 주는 일은 어렵지 않다. 그러기 위해서는 먼저 보호자가 실패나 실수로부터 좀 더 자유로워져야 한다. 실패와 실수를 담은 '오답 노트'가 있다. 실수나 실패한 결과에 대해 왜 그렇게 생각했고, 왜 그렇게 접근했는지 돌아보면 새로운 생각이 일어난다. 점수나 성적으로 자녀의 현재를 나무라기보다 실수나 실패를 하더라도 자녀가 지치지 않게 지지해주는 것이 중요하다. 아이가 실수에 두려움 없이 접근하도록 인식을 바꿔주면 자녀가 달라질 수 있다. 기다림의 지지는 우리 아이들이 스스로 길을 찾아가게 만든다.

실패하는 아이에게 박수를

2011년 3월, 동일본 대지진과 원자력발전소 폭발이 발생한 후쿠시마에는 당시 어른보다 아이가 더 많이 살아남았다. 일본은 지진 등 재난대응 체계가 잘 발달했고, 시민들도 재난 대비 훈련도 수시로 받았다. 그런데도 어른들의 희생이 많았다. 여기에는 이유가 있었다. 어른들은 평소 훈련받은 매뉴얼대로 세부 지침을 준수했지만 비판적 사고없이 반복 수행에 의존하는 습관에 젖어 있었다. 반면 아이들은 매뉴얼에서 벗어나 스스로 위기 상황에 대한 대응을 판단했다. 당시 쓰나미를 실제로 맞닥뜨린 아이들은 지침을 따르지 않았다. 재빨리 비상피신처 건물로 올라가는 어른들을 보고 '왜?'를 떠올렸다. 아이들은 건물보다 높은 쓰나미를 피하려면 어떻게 해야 할지 생각했고, 건물보다 높은 산 위로 피신한 덕분에 살아났다. 어른과 아이들의 이런 차이는 상자 안에 살면서 상자의 규율을 따르는 사람과 규율을 깨고 나와서 상자 밖 가능성을 발견한 사람의 차이다.

틀에 박히지 않은 새로운 생각과 판단은 '왜'라는 질문에서 나온다. '왜'라는 질문은 여러 문제와 만나면서 새로운 가능성을 찾는 원천이 된다. 실수와 실패가 존중받지 못하는 우리나라는 어떨까. 많은 학생이 규율에서 벗어나 스스로 생각하고 판단하는 습관을 기르지 못한다. '왜'라는 질문을 통하여 생각이 만들어질 수 없는 교육 체제 때문이다.

실수를 두려워하지 않고 다양한 접근을 시도하는 아이와 실수하지 않으려고 같은 유형의 문제를 푸는 아이 중에서 누가 더 창의적인 사람으로 성장할까? 사람은 실수하고 실패할 때, '왜?'라는 생각이 스며든다. 이 생각이 들어와야 다양한 방법을 모색하면서 새로운 가능성이 열린다. 실수나 실패가 두렵지 않아야 가능한 일이다.

두려움 없이 실수와 실패를 딛고 성장하기 위해 전제 조건은 하나다. 포용적인 주변 환경이다. 사회적인 분위기를 비롯하여 학교나 가정 모든 곳에서 실패와 실수를 용납하는 분위기가 조성되어야 한다. 실수와 실패를 통해 배우고, 다양한 시도와 도전을 하도록 기다려주고 지지해주어야 한다. 잘하지 못하니까, 가능성이 없으니까, 먹고 살기 힘드니까 등 어른들이 강요한 이유를 들면서 가고 싶은 길을 걸어보지도 않고 포기하는 일이 없어야 한다. 가정이든 학교든 실수와 실패에게 보내는 뜨거운 박수가 필요하다.

나는 내 아이의 실수를 어떻게 생각할까?

평소 자녀의 실수에 대해 어떻게 반응했는지 생각해보세요.

우리는 누구나 실수를 통해 배우고 실패를 통해 더 크게 자라요.

새로운 교실에서 즐겁게 배우기
: 온라인 수업

온라인이라는 새로운 공간에서 아이들은
공부의 날개를 달고 자유롭게 즐길 수 있다.

"1교시에 운동경기 보고, 2교시에 운동경기 보고, 3교시에 동영상 봤어. 점심 먹고 국제경기 보고 소감문도 썼어. 왜 이렇게 피곤하냐. 짜증 나."

한국에서 중학교에 다니는 제이 친구가 온라인 체육 수업에 대한 불평을 늘어놓았다. 코로나19는 학교에도 큰 변화를 불러왔다. 등교는 제한적으로 이루어졌고, 온라인 수업이 대세를 이루었다.

제이와 레오에게도 학교 수업이 코로나19 이전과 비교해서 확연히 달라졌다. 지금은 온라인 수업도 즐겁게 경험하고 있지만 초기에는 문제가 있었다. 교육과정으로 보면 혼자 공부하는 습관이 서서히 잡히는 시기인 중고등학생은 온라인 수업에 대체로 적응했다. 반면 자기조절 습관이 거의 잡히지 않은 초등학생들이 온라인 수업을 더 힘들어했다. 자기 주도적으로 공부할 수 있는 역량이 떨어지다 보니 보호자가 수업을 곁에서 도와야만 제대로 수업을 따라가는 등 어려움이 있었던 것이다. 이에 학교는 해결방안을 꼼꼼히 검토했고, 온라인 수업은 다양한 상황을 고려하여 보호자 도움을 최소화하는 방향으로 수정·보완했다.

"장시간 주의 집중이 어려운 온라인 특성상, 이론보다는 예시와 경험 위주로 수업을 진행할 예정입니다. 자녀들이 수업을 통해 독립성을 기를 수 있도록, 가능하면 혼자 주어진 공부를 수행할 수 있도록 돕겠습니다. 선생님들은 배움에 활기를 불어넣고자 노력할 것입니다."

온라인 수업을 도입하고 한 학기가 지나자, 수업 방향에 많은 변화가 찾아왔다. 선생님, 학부모, 학생의 경험과 의견을 검토하고 반영했다. 수업 초기와는 달리 점차 아이 스스로 수업에 참여할 수 있도록 형식이 달라졌다. 주변 도움 없이 스스로 할 수 있는 작은 도전들이 눈에 띄게 늘었다. 아이들의 성취를 위해 난이도를 다양화한 여러 가지 미션도 준비했다. 아이들이 반복적으로 수행하는 활동 수도 크게 증가했다. 이때 점수는 목표가 아니었다. 반복 수행을 통해 개념을 익히고, 배운 내용을 일상에서 활용하는 것이 목표였다. 그런 과정에서 집은 온라인 수업을 수행하는 학교로 변신해갔다. 기존 학교 수업에서 활용하던 학용품, 교구 대신에 집에서 구하기 쉬운 수저, 냄비, 베게 등이 수업 도구가 되었다. 기존 수업과 다른 환경은 그 나름대로 신나고 호기심을 자극했다. 특히 레오는 집에서 학교 교구를 대신할 만한 물건을 찾아보는 일을 매우 즐거워했다. 집에 있는 물건의 새로운 쓰임을 발견한 덕분이다.

방바닥이 캔버스! 온라인 미술 수업

코로나19로 지친 몸과 마음을 깨우는 활동은 주로 미술, 음악, 체육 수업을 통해 이루어졌다. 시의적절하고 효과적인 교육이 되도록 학교와 담당선생님이 고심한 덕분이었다. 온갖 새로운 방식들이 실험적으로 제안되었고, 아이들은 오랜 격리 생활에도 건강한 일상을 차츰 찾아갔다. 특히 예체능 수업은 '코로나 블루'에 대응하는 특효약이었다. 예를 들어 미술 수업에서 선생님은 집에 있는 것들을 동원하여 명화의 장면을 재연하고 사진을 찍도록 했다. 그러자 우리 집 방바닥이 캔버스가 되었다. 레오는 캔버스를 전체적으로 잘 볼 수 있는 곳에 오르락내리락하면서 밑그림 구도를 정하고, 유명 화가처럼 보조 작업자도 구했다. 바로 남편이 레오의 조수가 되었다. 갖가지 옷이며 천 조각, 쓰고 버린 종이통 등이 물감을 대신했다. 두 시간에 걸쳐 명화를 재현하면서 레오와 남편의 이마와 콧잔등에도 땀이 맺혔다.

코로나가 만든 일상을 모티브로 자화상을 찍는 작업 등 휴대폰으로 할 수 있는 활동도 다양하게 수업으로 활용되었다. 휴대폰 화면을 캔버스 삼아 그림 수업을 진행할 때는 우리 집에 웃음이 끊이질 않았다. 이전 오프라인 수업 때는 그림이 자신의 의도와 달리 나오면 쉽게 포기하는 아이들도 종종 생겼다. 레오 역시 잘 하고 싶다는 마음에 긴장감이

온라인 미술 수업에서 에드바르 뭉크의 <절규>를 보고 만든 레오의 절규 한 장면

높아져서 미술 수업을 어렵고 부담스럽게 생각했다. 하지만 온라인 미술 수업에서 그런 걱정은 없어졌다. 선생님이 여러 상황을 고려하여 좋은 기획을 짠 덕분에 아이들은 즐거운 동시에 끈기 있는 태도로 수업에 참여했다.

아이들이 온라인 미술 수업을 재미있다고 여긴 데는 여러 가지 이유가 있었다. 첫째, 온라인 특성상 수시로 소통이 필요한 관계로 평소 사용이 제한되었던 휴대폰을 부모 잔소리 없이 자유롭게 사용할 수 있었다. 둘째, 완성도에 대한 부담 없이 즐거운 과정을 거쳐 친구들과 공유할 수 있었다. 무엇보다 '집'이라는 편안하고 안전한 공간에서 친구들 눈치 보지 않고 원하는 대로 활동이 가능했다.

마지막으로 결과물이 서툴러도 "재미있다" "좋다"라고 말하는 친구들, 선생님, 부모님 등 주변의 반응이 온라인 수업에서 빛을 발했다. 바로 이 대목이 중요하다. 대부분의 아이들은 보호자 반응에 매우 민감하다. 학교도 이를 중요하게 생각하고, 각 가정에 자녀의 작품을 보고 격려와 지지를 남길 수 있는 온라인 갤러리 활용을 적극적으로 권장했다.

각자의 방식으로 다채롭게 즐기는 음악, 체육 수업

모니터 너머로 함께 즐기는 온라인 음악 수업도 인기 만점이었다. 각자 모니터 앞에서 화음을 맞추는 온라인 합창 수업을 진행하거나, 몸 구석구석을 두드려 소리와 리듬을 만드는 것 등 흥미롭게 진행됐다. 레오는 가장 기억에 남는 음악 수업으로 햄본(Hambone)을 꼽았다. 몸을 악기 삼아 박자를 함께 맞추는 수업이었다. 새로운 리듬을 경험하자는 취지의 수업에서 저마다 리듬을 해석하고 표현하는 모습이 무척 흥미로웠다. 학생들은 각자 다양한 방법으로 리듬을 만들고, 함께 연주하는 등 다양한 곡을 만들어 공유했다. 레오도 유튜브를 통해 다양한 박자를 찾아내기 위해 열정을 쏟았다. 덕분에 한국 노동요, 박자를 맞추어 응원하는 민속놀이 음악 등 한국의 전통문화를 탐구하기도 했다.

체육 수업도 색다르게 진행했다. 집에 있는 도구를 이용하여 재미있는 모습으로 드리블하기, 양말 슛 농구하기, 친구들에게 공유할 1분 요가 동작 플로우 만들기, 알파벳 트레이닝 등 이색적인 활동이 많았다. 레오는 가장 즐거웠던 수업으로 장애물 체육을 꼽았다. 집 안 가구로 각종 장애물을 만들어 도전하는 모습을 공유하는 수업이었다. 의자, 책 더미, 쿠션, 방석 등을 동원했고, 레오는 난이도를 조정하면서 진지하게 수업에 임했다. 학교 조사에 따르면 진중한 태도를 찾아보기 힘들었던 레오와 같은 아이들이 온라인 수업을 하면서 수업에 대한 호감과 집중력이 몰라보게 향상되었다고 한다. 이색적인 온라인 수업이 만든 즐거움과 몰입 덕분이다. 불평 한마디 않고 과제를 진행하는 모습이 낯설면서도 기특했다.

제이에게도 온라인 수업은 즐거운 배움터가 되었다. 제이는 체육 수업을 위해 아빠와 밥상 탁구를 치는 모습을 촬영했다. 힘의 원리를 설명하는 결과물을 만들기 위해서였다. 제이는 탁구채, 팔의 방향, 테이블 등이 만들어낸 힘과 힘의 작동 원리를 설명하는 영상을 편집해 제출했다. 이론과 실습을 한꺼번에 해결하는 수업방식이었다. 이전 오프라인 수업보다 가족의 참여 빈도가 높아졌지만, 수업을 돕는 데서 오는 피로는 상당히 줄었다. 수업을 온 가족이 함께 공유하는 시간도 늘었다. 그러다보니 온라인 수업은 가족 간 공유할 이야기가 많아지는 장점도 있었다.

온라인 수업은 새로운 가능성

코로나19로 부득이하게 진행된 온라인 수업이었지만, 즐겁고 신나는 모험이 되었다. 특히 초등학교 아이들은 이전에 해보지 않은, 어쩌면 쓸데없어 보이는 작업을 '수업' 혹은 '공부'라고 부르자 신이 났다. 평소 음악, 미술, 체육을 즐기지 않는 레오 친구들도 수업보다 '게임 같다'며 즐거워했다. 재미, 흥미라는 요소가 배움에서 얼마나 중요한지 새삼 깨달았다.

수업 결과물은 웹 갤러리를 통해 지인들과 다른 나라에 살고 있는 가족과도 쉽게 연결되었다. 아이들은 다양한 사람들이 게시물에 적은 감상과 느낌을 직접 읽으면서 응원과 지지의 마음을 확인했다. 이처럼 수업을 통한 연결감은 특별하게 다가왔다. 코로나19로 직접 만나지는 못하지만, 온라인 수업을 통해 서로 연결되는 경험은 소중했다. 아울러 온라인 상담이나 커뮤니티 프로그램 등은 주로 가정에 머무는 학부모와 학생들의 마음을 안전하고 편안하게 만들었다. 각 가정에서는 온라인 수업 초기부터 학교가 제공하는 상담 프로그램에 언제든 참여할 수 있었다. 지치고 불안한 마음을 다독이고, 가정 내 새로운 규칙을 정하기 위한 조언도 구할 수 있었다. 온라인 수업 초기에 상담을 통해 확인한 우리 가족의 문제는 스트레스와 과도한 전자기기 사용이었다. 게임과 인터넷에 편중된 취미 활동은 모두 집에 있으면서도 대화 없는 시간을 가져왔다. 이에 대한 상담선생님의 조언으로 보드게임은 물론 밥상 탁구, 풍선 핸드볼, 풍선 배드민턴, 쌀 주머니 저글링, 가족 요가 등 다양한 놀이 프로그램을 만들었다. 덕분에 디바이스 없이 함께 즐기는 시간을 전보다 크게 늘릴 수 있었다.

학교생활을 집으로 그대로 옮기고, 교실 수업의 장소만 바꾼다고 원격 수업이 되는 것은 아니다. 온라인에서만 가능한 방식을 발굴하고 활용하는 수업과 프로그램을 적극적으로 구상할 필요가 있다. 그래야 온라인 수업이 아이들에게 또 다른 가능성을 선사할 수 있다. 학업 성취는 물론이고, 생각하지 못한 뜻밖의 잠재성이 고루 살아나야 더 생생한 배움을 얻을 수 있다. 무엇보다 온라인은 무한 확장이 가능하여 학부모나 학생들에게 새로운 경험을 제공할 수 있다. 게다가 기존 오프라인 수업에서 흥미를 잃은 학생들에게 온라인 수업은 새로운 가능성을 불러올 수 있다.

이를 위해서는 아이들이 새로운 시도와 실험을 할 수 있도록 여유가 필요하다. 교육 당국과 학교가 먼저 선생님의 다양한 시도와 실험을 지지해주고 지원하는 분위기를 만들어야 한다. 학부모들도 자녀뿐 아니라 선생님에게도 시행착오와 실패의 기회를 주는 열린 마음이 필요하다. 코로나19와 같은 예측할 수 없는 위기상황 앞에서는 더욱 그렇다. 학부모들도 기존 인식과 체계에서 벗어나 새로운 가능성을 찾아야 함께 위기를 넘어설 수 있다.

뉴노멀이 다시 우리 일상이 되어가고 있다. 달라진 형식에 맞게 새로운 교실을 기대해본다. 오프라인 수업으로 돌아가더라도 온라인이라는 새로운 가능성을 펼쳐 보이는 모습을 그려본다. 새로운 노멀이 아이들에게 불안과 혼란이 아니라, 새로운 배움의 기회로 확장되기를 기대한다. 집도 새로운 교실이 될 수 있다. 어디서든 온라인 수업을 할 수 있다. 인식을 확장하면 교육이 달라지고, 내 아이도 성장한다. 그렇다, 지금은 21세기다.

한 번도 만나지 못한 세상과 만나기
: 교실 밖 수업

머리가 아닌 손과 발이 움직일 때,
진짜 살아 있는 공부를 만날 수 있다.

대학원 시절, 일본 나고야에 있는 혁신 초등학교를 방문한 적이 있다. 학교 밖 경험을 목적으로 한 건축기행 수업의 일환이었다. 이 학교 교실은 특이했다. 칸막이만 있을 뿐, 벽이 없었다. 교장선생님 설명에 따르면, 배려하는 습관을 만들기 위해 건축 콘셉트를 그렇게 만들었다고 했다. 이곳 학생들은 벽 없는 교실 덕분에 다른 반 학생들에게 피해가 가지 않도록 조용히 공부하는 습관이 생겼다고 했다. 나는 그것이 진짜 배려인지 의문이 들었다. 다른 이에게 피해를 주지 않도록 노력하는 것이 배려라고? 내 행동이 남을 불편하게 만들면, 그것은 배려 없는 행동이 아니라 타인의 기본권을 침해하는 행동이라고 말해야 하지 않을까. 진짜 배려는 도움이나 보살핌이 필요한 사람에게 다가가 마음을 쓰는 것이 아닐까.

지금 제이가 다니는 학교는 중학생을 대상으로 벽 없는 교실 수업을 진행하고 있다. 수업 목표는 내가 방문했던 일본의 혁신학교처럼 배려심을 익히고 실천하는 것이다. 이전과 다른 것이 있다면 학교 밖으로 나가서 수업을 진행한다. 학교에서 배운 것을 세상에서 실천하는 것이 이 학교 교육의 핵심 중 하나이다.

"우리가 학교 밖에 나가면 '또 다른 우리'를 위해 무엇을 할 수 있을까요?"

학교 밖 수업을 시작하면서 선생님이 질문을 던졌다. 학생들 각자가 어떤 역할을 할 수 있을지 고민이 시작되었다. 제이 역시 고심 끝에 인근 마을에 벽화를 그리는 일을 맡았다. 그 마을은 학생들이 사는 곳과 다르게 사회경제적으로 열악한 환경이었다.

세상 어느 곳이든 배움의 현장

선생님의 '또 다른 우리'라는 말이 근사하게 다가온 제이와 친구들은 의욕이 충만했다. 물론 작업은 쉽지 않았다. 무더운 날씨와 강가 옆에 자리한 마을의 기후·지리 특성을 고려해야 했다. 금이 가고 부서진 벽을 보수할 시멘트와 햇볕과 벌레, 습기를 차단하는 특수 페인트 등의 재료를 나르느라 반나절을 보냈다. 그리고 벽 표면을 고르게 한 뒤에야 비로소 제대로 작업을 시작할 수 있었다. 땡볕에서 하는 작업은 힘들었지만, 온전히 자신들의 힘으로 마을을 안전하고 아름답게 돌본다는 자부심이 학생들 작업의 동력이 되었다. 학생들이 벽화를 그리는 동안 동네 아이들이 하나둘 모여 구경하면서 응원을 보내주기도 했다. 제이와 친구들은 힘든 시간을 보냈지만, 함께 고생한 보람과 성취감을 자랑스레 이야기했다.

"처음에는 하고 싶지 않았어요. 솔직히 이곳에 와보고 싶지 않았거든요. 근데 참여해보길 잘했다는 생각이 들어요."

"사람이 살아가는 건 똑같은 것 같아요. 주어진 환경에 따라 모습만 다를 뿐이죠."

"어떻게 그런 곳에서 살 수 있는지 처음에는 놀랐어요. 그리고 좋은 환경에서 공부할 수 있음에 감사하는 마음이 생겼어요."

학생들에게 그동안 몰랐던 세상에 대한 관심이 생겼다. 며칠 동안 몸은 피곤해도 새로운 세상에 대한 경험 덕분에 마음은 풍성해졌다. 아이들의 관심이 확장되어 더 많이 알고 싶어 했고, 자신들이 어떻게 하면 도움을 줄 수 있는지 궁금해했다. 참가한 학생들 모두 학교 밖 수업에서 한 뼘씩 성장해가는 모습이 보였다.

이곳 학교는 필리핀의 다른 로컬 학교와 연결해서 다양한 '벽 없는 교실' 프로그램을 진행한다. 집짓기에 나설 때도 있고, 오지마을에 가서 다양한 수업을 제공하기도 한다. 세상 모든 사람들과 배움을 나누고 실천하기 위해서다. 수업 마지막에는 항상 각자 느낀 바를 정리하여 다른 프로그램에 참여한 학생들과 생각을 공유한다. 이 수업의 가치는 상당하다. 더불어 사는 세상을 경험하고, 진짜 배려를 몸으로 실천한다. 학생들이 익힌 배려는 누군가의 불편함 때문에 어쩔 수 없이 해

야 하는 의무감이 아니다. 배움이 입신양명이 아닌 사람과 세상을 향
한다. 살아 있는 배움을 경험하고 실천하는 것이다.

세상을 배움터로 삼은 수업이 학교 밖에서만 이루어지는 것은 아니
다. 아이들은 가족들과 집에서 <울지마 톤즈> <씨스피라시(Seaspir-
acy)>와 같은 다큐멘터리를 보고 도움과 관심이 필요한 세상에 대해
토론한다. 또, 유기동물급식소에 사료를 가져다주거나 지역사회를 위
한 기부 물품을 모아 전달하는 등 다양한 사회적 이슈에 적극적으로
참여하고 있다.

머리가 아닌 몸으로 실천하는 아이

아이들은 작은 것이라도 언제든 실천할 준비가 되어 있다. 언젠가 뉴
스를 통해 외국인 가족이 휴가차 방문한 부산의 한 해수욕장에서 쓰
레기를 치우는 모습을 보았다. 이 가족의 두 딸도 부모를 따라 해변을
청소하고 있었는데, 나는 그 장면을 두 아이와 함께 보게 되었다. 그러
다 몇 해 전, 아이들과 함께 필리핀의 작은 해변을 찾았다.

그곳은 사람들이 머물다 간 흔적으로 쓰레기가 잔뜩 쌓여 있었다. 이
를 본 제이와 레오가 시키지도 않았는데 쓰레기를 줍기 시작했다. 처
음에는 그냥 지켜보고만 있었는데 청소를 멈추지 않는 아이들을 보고
우리 부부도 쓰레기 줍기에 나섰다. 그러자 뜻밖의 일이 일어났다. 우
리 가족을 지켜보던 사람들이 하나둘씩 동참하는 것이 아닌가. 도와
달라고 말한 것도 아닌데, 그날 해변에 있던 모두가 한마음으로 쓰레

기를 치우면서 우리는 하나로 연결되었다. 놀라운 일이었다. 마치 영화 <아름다운 세상을 향하여>에서 열두 살 트레버(할리 조엘 오스먼트 분) 제안으로 시작했던 'Pay It Forward' 운동을 보는 것 같았다. 연쇄 선행이자 다단계 선행이었다.

그날 나는 선한 행동이 얼마나 빠르게 주변으로 전염될 수 있는지를 목격했다. 그것은 아이들에게 더 빠르게 퍼져갔다. 제이와 레오도 많은 사람이 동참하는 모습을 즐기며 기뻐하는 눈치였다. 날이 어두워지면서 청소를 마치자, 함께했던 많은 사람이 우리에게 다가와 고맙다는 인사를 건넸다. 배움을 실천으로 옮긴 제이와 레오가 얼마나 자랑스러웠는지 모른다.

전세계가 코로나19 상황에서 얻은 가장 큰 깨달음은 '우리는 모두 연결된 존재'라는 사실 아닐까. 뉴스에서 본 어느 가족의 해변 청소가 필리핀의 한 해변으로 이어져 함께 청소에 나선 경험은 놀라웠다. 머릿속 배움이 손과 발을 통해 실천으로 이어간다면, 아이들의 배움은 살아 있는 지식이 되고, 삶의 지혜로 익어갈 수 있다.

머리에서 가슴까지 거리는 짧을수록 좋다고 하지 않던가. 머리로만 아는 세상은 가볍고 공허하다. 머리에 담은 지식을 행동으로 옮길 때, 배움은 단단해진다. 그 좋은 사례가 기후활동가 그레타 툰베리다. 그레타는 2018년 스웨덴 국회의사당 앞에서 기후위기 대응을 촉구하며 1인 시위를 시작했다. 과학이 심각한 기후위기를 경고하는데도 아무것도 하지 않는 기성세대에게 분노했고, 자신이 할 수 있는 행동에 나섰다. 이것이 나비효과가 되어 전세계 수백만 명이 기후위기를 인식하고 함께 행동하고 있다.

그레타는 배움을 실천하는 사람이다. 배움을 머리에만 담아둘 뿐 행동으로 옮기지 못한다면, 배움의 의미는 퇴색한다. 배움이 실천으로 연결될 때, 아이들의 배움은 삶을 움직이는 동력이 된다. 머리에서 가슴까지 거리는 약 30cm라고 한다. 이 거리를 가는 데 평생 걸리거나 닿지 못하는 사람과 수시로 이동하는 사람은 다르다. 진정한 배움은 아이의 머리가 아닌 손과 발이 움직일 때 일어난다.

내 아이들은 공부의 의미를 알고 있을까?

아이에게 공부하는 의미를 알려주고 싶다면,

공부가 세상과 어떻게 연결되어 있는지 생각하는 시간을 만들어 주세요.

이 경험이 아이의 배움과 삶을 하나로 만들어줍니다.

아이와의 건강한
유대감 키우기

칭찬은 아이의 생기를 북돋는다. 또한 무심코 지나쳤던 아이의 작은 행동 하나에도 관심을 갖게 해준다. 칭찬은 아이를 바꾸기 위해서라기보다는 부모와의 건강한 유대감을 기르기 위해서다. 이 유대를 건강하게 만들기 위해서는 결과보다는 과정 중심으로 칭찬의 방식을 바꿔가는 것이 좋다. 칭찬할 근거를 찾기 위해 부모는 전보다 열린 마음으로 아이를 관찰하고 애정으로 대하게 된다.

매일 적어도 세 가지 이상 아이에 대한 칭찬을 메모해서 가족들이 모두 볼 수 있는 곳에 칭찬카드를 붙여두는 것을 실천해보자. 평소에 칭찬할 내용이 많은 아이라면 문제가 없겠지만 매일 잔소리를 듣는 아이라면 어려운 숙제가 될 수 있다. 하지만 의외로 간단한 방법이 있다. '아침에 일어났다'에 '예쁘게'를 붙여 수식하거나, '밥을 잘 먹는다'에 '맛있게' 등의 표현을 덧붙여 아이의 일상을 칭찬으로 만들 수 있다. 이런 방법이라면 생각보다 쉽게 아이를 칭찬할 수 있다. 실제로 내 주변에 가족들은 칭찬카드의 효과를 톡톡히 봤다. 자주 혼나는 아이의 부모에게 2주간 매일 칭찬카드를 쓰도록 권했더니 부모와 아이의 관계가 달라지기 시작했다. 가족들의 관계가 전보다 부드러워졌으며, 부모는 일상에서 자주 아이들을 칭찬해주려고 노력을 기울이게 되었다.

다음과 같이 칭찬카드를 만들어 활용해보자.

자녀를 위한 칭찬카드 활용법

1
접착 메모지 등을 활용해 칭찬카드를 작성하기

매일 세 문장씩, 적어도 2주 이상을 목표로 도전해보자. 만약 칭찬이 어렵다면 아이의 소소한 일상을 소재로 칭찬문장을 만들어도 좋다. 내용이 중복되지 않도록 열심히 아이의 일상을 관찰하자. (예: 세수하지 않은 얼굴인데도 반짝반짝 예쁘다.)

2
과정을 칭찬하는 메시지를 만들어보기

(예 : 어제도 그렇고 오늘도 정해진 게임시간을 지키려고 노력하던데 참 기특하구나)

3
칭찬카드를 잘 보이는 곳에 붙이고 수시로 읽어보기

칭찬메시지를 확인하는 과정은 아이 마음 속에 뿌듯함을 심어준다.

4
칭찬카드를 가족의 대화로 활용하기

5
칭찬카드를 모아 가족 이벤트를 열어보기

아이들이 가장 좋아하는 칭찬문장을 찾아보거나, 칭찬 시상식으로 가족들이 서로에게 작은 선물을 주어도 좋다. 단, 선물이 아이 행동의 유일한 목적이 되지 않도록 주의해야 한다.

Class 5

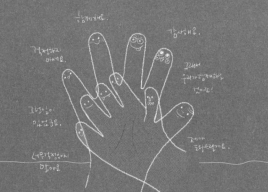

서로가 연결되는 순간,
아이는 특별해진다

학교에서 행복하지 않은 아이들

학교는 아이들의 호기심을 살려주는
재미있는 놀이터가 되어야 한다.

"학교는 별론데 가면 친구들이 있어서 좋아요."

"학교는 어때?" 하고 학생들에게 물으면 가장 흔하게 듣는 답변이다. 코로나19라고 달라질 것 없다. 학교보다 친구가 더 좋은 것은 과거에도 그랬고, 지금도 그러하며 미래에도 그럴 것이다.

이전에 교육부 과제, '아이들이 행복한 특성화 고교 만들기' 국민디자인단을 진행한 적이 있다. 서비스디자인 방법을 활용하여 국민들이 참여해 정책을 살피고 개선하는 일종의 참여형 정책개선 프로그램이다. 관찰대상 학교들은 성적 분포를 기준으로 최상·상·중·하로 구분하여 선별되었다. 흥미로운 지점은 이 학교들에 대한 학생들의 마음이 거의 유사하다는 점이다. 공부를 잘하는 아이들이 모인 학교나 그렇지 않은 학교나 아이들 마음이 비슷했다.

"학교에 가면 내 이야기 들어주고, 같이 고민하는 친구가 있으니까
좋아요."

한국의 아이들에게 학교가 어떤 의미가 있는지 물었더니, 답변은 압
도적으로 친구를 향하고 있었다. 친구와 어울려 노는 것이 좋은 이유
겠지만, 그보다는 깊이 공감해주기 때문에 친구가 좋다는 것이 아이
들의 속마음이다. 자신을 특별한 존재로 만들어주는 것이 친구들의
인정이다. 아이들이 자신의 존재감을 확인할 수 있는 기제가 바로 친
구다. 아이들은 친구에게서 자신을 발견하고 성장해가는 것이다.

수업이 갈수록 재미없어지는 이유

친구 다음으로 재미있는 것을 물었더니 동아리 활동을 꼽는 숫자가
많았다. 동아리 활동은 유익한 경험과 즐거움을 주면서 만족도가 높
다. 그것에는 분명한 이유가 있다. 학생들이 주도적으로 목표를 세우
고 활동하기 때문이다. 그 과정에서 만족감과 뿌듯함을 얻는다. 특히
동아리도 친구들과 함께하는 활동이다. 정리하면 학교생활은 친구들
과 맺은 관계를 기반으로 자신의 존재감을 확인하고, 가능성을 발견
할 때 행복할 수 있다. 그렇다면 동아리 활동을 제외하고 학생들의 마
음은 어디로 향해 있을까? 안타깝게도 '수업'이라고 답하는 학생은
거의 없었다.

"수업은 그냥 해야 하니까 하죠. 다른 궁금한 것도 많은데, 수업이 뭔
가 부족하다는 느낌이 들 때도 있어요."

성적이 좋은 학생들도 수업에 대한 평가가 충분히 긍정적이지 않았다. 전반적으로 친구와 동아리 활동 외에는 학교생활의 매력은 부족했다. 왜 학생들은 학교가 즐겁지 않다고 느낄까? 공부와 성적에 대한 피로도? 아니다. 수업만의 문제도 아니다. 많은 교육 전문가가 대학 입시로 일원화된 초·중·고 학생들의 일상을 핵심 문제로 꼽는다. 취업을 위해 만든 특성화고교 아이들마저 녹록치 않은 취업환경 탓에 입시에 열을 올린다. 입시가 학생들 삶의 균형을 무너뜨린 블랙홀이라는 의견에는 모두가 동의한다. 학교는 오래전부터 입시를 위해 존재하는 부가적인 곳이 되었다. 입시를 중심으로 그린 그림이 학생들에게 햇살이 아닌 그늘을 드리운 것이다. 실은 학생들뿐 아니라 학부모, 교사들에게도 마찬가지다.

입시를 목적으로 하는 큰 그림은 빠르면 유치원부터 시작된다. 유치원은 사실 보육기관이다. 하지만 많은 부모가 초등학교를 준비하는 준교육기관으로 여긴다. 유치원이 그런 역할을 요구받다보니 유치원생은 영어, 국어, 연산, 한자 등을 특별활동으로 공부한다.

초등학교로 가보자. 자녀들은 처음으로 학교라는 체계에 편입된다. 세상에 대한 본격적인 배움이 시작되는 만큼, 학교에서 탐색의 기회가 충분히 주어져야 하고, 무엇보다 즐거워야 한다. 하지만 어른들은 가혹하다. 공부 습관을 들인다며 책상에 오래 붙어 있는 훈련을 시킨다. 고학년부터는 중학교로 가기 위한 입시체제로 슬슬 진입한다. 중학교는 본격적인 입시 진입로인 셈이다. 그동안 다닌 예체능 학원과는 결별을 고한다. 앞서 언급한 예체능 교육은 입시에 도움이 되지 않는다는 이유로 쓸모없는 취미로 치부되어 소외된다. 중상위권 성적의 학생을 둔 학부모라면 자녀가 경쟁자들과 격차를 만들 수 있는 기회라는 학원의 감언이설에 솔깃해진다. 특히 중학교 1학년은 학교 시험이 없어서 이 시기 자녀를 사교육장으로 보내는 학부모가 많다. 학원은 학부모의 불안을 건드려 잇속을 챙긴다. 이곳에서 자녀가 꿈꾸는 미래를 함께 고민하는 시간은 허락되지 않는다.

고등학교에서는 이런 분위기가 더 심해진다. 학부모는 자녀의 등급에 매달린다. 그래서 학부모가 원하는 등급이 되지 않으면 아이에게 채찍을 가한다. 높은 점수도 소용없다. 등급이 우선이다. 친구를 경쟁자로 몰아 그보다 더 좋은 등급이 중요하기 때문이다. 한마디로 전쟁이다. 하지만 이 전쟁통에서 자녀들 마음은 어떨까. 입시와 성적에 매몰된 학부모에게 자녀의 마음은 중요하지 않다. 아니, 자녀의 심리건강을 위하는 척하지만, 그것도 입시를 위한 수단일 뿐이다. 보호자의 입에 발린 말은 진부하다.

"이게 다 너를 위한 거야, 널 사랑해서 그래."

입시를 위한 달리기 경쟁은 무섭다. 함께 달리는 친구가 넘어져도 도와줄 수 없다. 친구보다 좋은 결과가 더 중요하기 때문이다. 그것만이 존재를 증명하는 유일한 방법이다.

이러한 과정은 앞서 말한 교육부 과제에 참여했을 때, 입시설명회 등을 다니면서 가정해본 상황이다. 사실에 기반한 이 시나리오는 배움의 주인공이어야 하는 아이들이 누군가의 목표 달성을 위해 희생되고 있음을 보여준다.

죽어버린 호기심, 생기 잃은 수업

많은 학부모가 학교보다 학원이나 입시 컨설팅 기관을 믿는다. 심지어 자녀의 말보다 학원의 의견을 더 중시한다. 이처럼 한국에서 입시와 교육 주도권은 학교에서 학원에 넘어갔다. 오로지 입시를 위한 수업에 호기심은 설 자리가 없다. 학원은 단시간에 학생의 성적을 올리는 능력(?)을 무기로 교육 생태계의 균형을 무너뜨렸다. 또 자녀의 삶과 미래를 만드는 교육에 가장 큰 영향력을 행사하는 주체가 되었다. 이러한 학원의 자장 안에서 학생들은 '점수 기계'로 전락하고, 삶의 균형은 무너진다.

이렇게 자란 학생들이 미래에 어떤 모습이 될까. 이들이 주축이 된 우리사회는 또 어떻게 변화할까. 심히 걱정스럽다. 지금 우리가 목도하는 교육 현실은 자녀들의 몸과 마음을 배려하지 않는다. 이들의 마음에 귀 기울이고, 그 마음을 이해하려는 노력을 찾기 힘들다. 자녀 개개인을 향한 존중과 존엄이 사라진 까닭이다.

아이들은 자신을 발견하고 존재를 인정받을 만한 시간도 부여받지 못하고, 오로지 부모의 욕망에 따라 높은 등급을 받아야 하는 교육의 대상일 뿐이다. 공교육과 아이들이 대부분의 시간을 보내는 수업이 그 역할을 다 하지 못한다. 높은 등급이 아니면 존재감이 사라지고 모멸감만 남는다. 입시 성공으로 존재감을 증명하지 못하면 이른바 '루저'로 전락한다. 배움의 주체는 사라지고, 교육의 대상만 남은 아이들의 슬픈 현실이다.

교육부 과제를 진행하면서 일정 기간 매일 아이들의 학교생활을 관찰했다. 학생들은 우리 관찰연구 팀을 실습에 나선 교생선생님들 쯤으로 여겼다. 우리와 함께 시간을 보내면서 학생들은 조금씩 속마음을 꺼내기도 했다. 그렇게 학생들의 마음에 다가가자 학생들의 진짜 모습이 보였다. 어떤 학생은 부모가 바라는 사람이 되지 못하는 자신에게 불만과 불안을 가졌고, 또 누군가는 마음껏 자신을 펼치지 못하는 세상을 원망했다. 지난 시간을 후회하며 자기부정에 빠지거나 더 잘해내지 못하는 자책감에 빠진 학생들도 있었다. 고민에 지쳐 포기한 듯 수업 시간에 잠만 자기로 작정한 학생도 꽤 있었다. 상당수 학생들이 죽어버린 호기심과 무겁고 침울한 감정에 짓눌려 있었다. 상담선생님의 낡은 달력이 얼마나 살인적인 스케줄로 아이들을 스치듯 위로하고 있는지를 잘 보여주었다. 학교 밖 상담센터가 그렇게 많지만, 누구도 그런 서비스를 잘 활용하지 못하고 있다. 당시 함께 참여한 연구원들은 이런 환경에 영향을 받아 우울과 식욕부진, 무기력을 경험하기도 했다. 이런 관찰연구는 어떤 관여도 하지 않는 것이 원칙이나, 때때로 그 원칙을 깨고 무엇이라도 도와주고 싶었다. 그래서 학생들의 마음속 불씨를 꺼내주고 싶었다.

관찰연구를 진행하는 동안 많은 교육전문가를 만나면서 이런 우려스러운 상황들이 우리 교육 전반의 문제임을 확인할 수 있었다. OECD(경제협력개발기구) 회원국 가운데 한국 청소년들의 행복지수가 최하위 수준이고, 청소년 자살률도 가장 높은 수준이라는 오명은 학교를 관찰하면서 그 이유를 알 수 있었다.

문득 대학에서 디자인 싱킹(design thinking)을 가르칠 때가 생각났

다. 공대, 인문대, 사회대 등에 다니는 학생들이 공학 인증을 받고자
이 수업을 필수로 들었다. 다양한 학과의 학생들과 이야기를 나누면
서 느낀 점이 있다. 이들은 전반적으로 자기 삶의 주인이 되지 못하
거나 자기 결정권을 빼앗긴 채 무늬만 어른인 학생들이 너무 많았다.
자신이 무엇을 위해서 공부하는지 모르거나, 부모가 원하는 대로 대
학까지 왔건만 정작 자신이 하고 싶은 것을 말리는 부모에게 절망감
을 느끼기도 했다. 이제는 대기업에 가야 한다며 다그치는 부모에게
너무 화가 난다는 학생들도 있었다. 자신의 삶을 가져간 부모에게 복
수하고 싶다는 심경을 내비친 학생도 있었다. 힘들고 아픈 대학생들
이 너무 많았다.

우리 교육 현장의 참담한 모습은 자녀들뿐 아니라 우리사회의 현재
와 미래를 보여주는 단면이다. 그동안 덮어두거나 문제인지도 몰랐던
내 아이의 문제가 실은 모든 사람의 문제이자, 우리사회의 문제임을
자각해야 한다. 내가 목격한 행복하지 않은 학교의 모습은 실상 우리
모두와 연결되어 있다. 내가 행복하지 않은 자녀의 엄마이며, 슬픈 학
생들의 선생님이며, 자기 삶의 주인이 되지 못한 사람들의 이웃이다.
이 아픈 사슬을 어떻게 풀어야 할까. 가장 큰 책임은 어른에게 있다.
교육 공무원, 선생님, 보호자, 이웃 등 학교를 둘러싼 어른들이 제대
로 서야 한다. 자녀와 학생의 마음을 제대로 들어주고 읽는 노력부터
시작해야 한다. 어리다는 이유로 그들의 존엄을 뭉개고 존중하지 않
은 채 멋대로 재단하고 통제하려는 꼰대 근성부터 버려야 하지 않을
까. 학생들이 행복하지 않은 학교라면 그 어떤 존재 이유가 있을까.

아이에게 학교는 어떤 곳, 어떤 의미일까?

학교가 아이들에게 더 머물고 싶은 놀이터가 되어준다면

우리 아이들이 어떻게 달라질까요?

아이에게 즐거운 학교 경험은 무엇인지 찾아

그 즐거움을 응원하고 키워주세요.

선생님은 아이의 두 번째 엄마

선생님과 학부모의 신뢰관계가
자녀의 잠재력을 이끌어낸다.

레오처럼 어릴 때부터 말썽을 부려 자주 혼나며 자란 아이는 마음에 특유의 주름이 있다. 자주 움츠러들면서 생긴 아픔의 흔적이다. 이 주름은 일종의 흑마법을 부려서 주름이 늘 때마다 더 까칠해지고, 자신을 함부로 여기거나 상황을 매우 부정적으로 해석하기도 한다.

레오는 선생님들에게 이해받기 시작하면서 달라지기 시작했다. 그 출발은 상담선생님의 제안이었다. 상담선생님은 레오가 참여하는 모든 수업 선생님들과 레오 이야기를 공유했다. 나는 처음에는 수업을 방해할 여지가 있는 레오의 에너지가 선입견과 오해로 낙인찍히지 않도록 하는 예방 차원이라고 여겼다. 하지만 상담선생님은 그런 의도가 아니었다. 어떻게 하면 레오를 도울 수 있을지 진심에서 우러난 제안이었다. 이에 화답한 선생님들은 레오를 향한 메시지, 목소리, 톤을 통일했다. 모두 한마음, 한 목소리로 레오를 돌보자는 뜻이었다.

이런 선생님들 반응은 다시 놀라운 변화를 만들었다. 친구들은 레오의 행동을 이해하고 진심으로 도와주려고 다가왔다. 매일 싸움만 하던 레오에게 친구들이 먼저 다가오자 긴장된 상황이 조금씩 줄었다. 친구들이 나서서 레오 편에서 생각하고, 상황을 중재하는 일이 많아진 덕분이었다.

한 아이를 위한 선생님들의 마음

학부모 상담 주간에 있었던 일이다. 예체능 선생님들과 상담차 지나가던 복도에서 레오가 나를 앞질러 걸어가고 있었다. 마침 선생님 한 분이 레오를 발견하고 다른 선생님에게 눈짓을 보내면서 이렇게 말하는 것이 아닌가!

"저기 내 귀여운 학생이 지나가네. 실례 좀 할게. 잠시만 기다려줘."

선생님은 레오를 불러 세우더니 반갑게 인사를 건넸다. 레오는 선생님과 하이파이브를 나누려고 점프를 하면서 신나게 인사를 했다. 레오 얼굴에 숨길 수 없는 함박웃음이 번졌다. 잠시 뒤, 음악 선생님을 만났다. 조금 전 복도에서 마주친 선생님이었다. 각 과목 선생님들은 레오 성격이나 태도를 매우 잘 알고 있었다. 레오가 겪는 어려움을 공유한 덕분이었다. 선생님들은 레오를 위해 한 가지 약속을 정했다고 했다. 조금 전에 내가 본 인사가 그 실천 방법이었다. '큰소리로 반갑게 이름을 부르고 손바닥 인사를 자주 할 것!' 인사일 뿐이지만 선생님들이 반갑게 불러주는 이름은 예전에 혼나기 전 자주 듣던 부정적인 뜻의 부름이 아니었다. 그것은 레오 존재에 대한 인정이었다. 인사 자체로 기쁨을 주면서 레오의 우울이 가시기 시작했다.

학교 가기 싫다는 말을 습관처럼 하던 레오가 신나게 인사를 하고 따뜻한 관심과 이해를 받으면서 긍정적인 변화가 일어났다. 자기부정을 일삼으며 자존감이 떨어지고, 말을 더듬던 아이가 주변의 관심과 지지로 자존감을 회복하고 말도 더듬지 않게 되었다. 그러면서 이런 말도 건넸다.

"엄마, 미안. 엄마보다 선생님이 더 좋아."

이는 레오만의 특별한 이야기가 아니라 레오처럼 주름진 마음을 가진 아이들에게 일어나는 일상적인 일이다.

선생님과 학부모의 멋진 팀워크

이곳 학교의 학생과 학부모는 선생님과 긴밀한 관계를 유지한다. 이를 '팀워크'라고 말해도 좋겠다. 위기의 순간이 오면 학부모와 선생님의 팀워크가 학생을 지키고 보듬는 에어백이 된다. 선생님은 사실 부모 혹은 그 이상으로 학생들을 돌보는 전문가다. 학교에서 교육을 주도할 뿐 아니라, 학생들을 가까이에서 지켜보며 그들의 성장과 발달, 변화를 지지하고 돕는 존재다.[19] 이곳 학교는 학교 커뮤니티에 속한 모두가 학생들의 몸과 마음의 성장은 물론, 삶의 의미를 찾도록 돕는 것

---

19   홍후조, 에듀인뉴스, 2020. 10. 17 < [홍후조의 우리 교육 더 낫게 만들기] 교원의 양성과 운용①>

을 사명으로 여긴다. 옆에서 지켜보고 관찰한 결과, 가정과 학교, 학부모와 선생님의 팀워크가 행복한 청소년을 만드는 비결이다. 선생님은 수시로 학부모와 만나 교류하고, 고민하고 함께 계획한다. 덕분에 학생들은 이들이 함께 세운 계획 속에서 태어나고 자란다. 학업 성장은 물론 사회적·정서적인 성장과 진로 개발 등도 일어난다.

학부모와 선생님의 협업이 가능한 여러 이유가 있다. 우선, 자녀를 건강한 시민으로 양육하자는 사회적인 합의가 있다. 이에 따라 교육의 목표는 입시가 아니라 사회의 건강한 구성원이 되도록 만드는 것이다. 덕분에 배움의 과정에서 학생의 잠재력을 쉽게 발견하도록 만든다. 둘째, 학부모가 '선생님이라는 전문가'가 가진 기술과 감성을 신뢰하며 존중한다. 선생님은 교원으로서 직무 능력과 소양을 갖춘 사람들이다. 그래서 학생별 특성을 이해하고, 배움의 길을 열어주는 데 최적화된 역량을 갖고 있다.

선생님은 학생들을 지켜보며 아이만의 가능성을 발견한다. 공부에 흥미가 없는 학생도 운 좋게 잠재력을 발견해주는 선생님을 만나면 새로운 의욕과 동기를 갖게 된다. 이때 선생님을 향한 학부모의 신뢰가 필요하다. 물론 그것이 단번에 이루어지지는 않는다. 이곳 학교에서도 모든 선생님에 대한 평가가 긍정적인 것은 아니다. 하지만 런던과 마닐라에서 만난 학부모들은 자녀 앞에서 선생님에 대한 노골적인 평가를 내리지 않으려고 노력한다. 선생님이라는 존재에 대한 기본적인 신뢰와 존중을 엿볼 수 있는 대목이다. 선생님의 진심 어린 조언이 학생의 마음에 건강한 싹을 틔우는 경우를 종종 보기도 한다. 긍정적인 신뢰관계 덕분이다.

이러한 존중과 협력관계는 지금 한국의 교육환경에서는 보기 힘든 광경일 수 있다. 물론 한국 사회도 선생님의 존재를 중요하게 생각한다. 하지만 학년이 높아질수록 선생님에 대한 학부모의 관심은 점차 줄어든다. 특히 입시와 가까워질수록 학원과 이른바 일타강사에게 더 신경을 쓴다. 교육 목표를 입시라는 블랙홀로 상정하니, 학원이 모든 것의 중심이 된 탓이다. 하지만 학원 중심의 환경은 자녀를 창의적으로 자라지 못하게 한다. 무엇보다 아이들이 행복하지 않다. 자녀교육을 놓고 많은 사람들이 이렇게 말한다.

"주변에서 다 그렇게 하니까 나도 따라하고 있더라."

불안 때문이다. 모두가 가는 길을 따라가야 덜 불안하고 안전하다고 느낀다. 학원도 이런 불안을 부추겨 상술을 발휘하기 일쑤다. 초등학교를 제외하면 학부모와 선생님이 함께 자녀교육을 위해 협력하는 경우는 드물다. 그러다보니 학생에게 긍정적인 경험을 만드는 수업의 경험, 즉 배움을 경험하기 힘들다. 자주 만나 학생에 대해 이야기를 나눈 적이 없으니, 학부모에게 선생님은 어렵고 불편한 존재로 여겨지기도 한다. 이런 상태에서 신뢰를 기반한 협력관계는 점점 더 어려워진다.

다시 아이들을 교육의 주체로

우리나라의 학교 선생님은 수업 이외에 업무가 과도하게 몰리는 데 문제를 제기한다. 역량에 따라 업무가 편중되는 일이 많아 아이들에게 집중하기 어렵다고 말하는 선생님들을 많이 만났다. 한국의 학교에는 IT, 교육 프로그램, 문헌정보, 상담, 진로상담 등 다양한 영역에서 전문가들이 설 자리가 없다.[20] 그 공백 대부분을 일선의 선생님들이 채운다. 교육에만 매달려도 부족한 판국에 선생님은 여러 업무를 맡아 처리해야 하는 현실에서 어떻게 학생이나 학부모와 함께 고민하는 시간을 가질 수 있을까.

또, 학부모를 위해 만든 강연 프로그램도 꼼꼼히 준비하지 못하는 경우가 허다하다. 이름만 들어도 대단한 사람들을 초청해 일방적인 지식 강연이나 행사를 위한 행사로 끝나기 일쑤다. 이처럼 한국의 교육 환경에서는 건강한 부모 역할에 대해 선생님과 함께 이야기할 기회와 시간이 쉽게 주어지지 않는다. 자녀를 위한 큰 그림을 함께 그리고 협업하는 일은 기대하기 어렵다.

이곳 학교는 수업 이외 업무는 전담 직원들이 나누어 처리한다. 한국의 선생님들은 행정, 전산 등 잔업이 과도하여 학생이나 학부모와 만나는 일이 어렵다면, 런던의 보통학교와 마닐라에서 만난 선생님들은 학부모와 되도록 많은 시간을 보낸다. 내가 경험한 마닐라의 사립학교가 재정지원 덕분으로 인력 충원이 가능해서 그렇다면, 사립학교가 아닌 영국의 보통 공립학교는 왜 선생님들의 업무 분업이 우리보다 잘 되어 있는지 묻지 않을 수 없다. 또, 어떻게 한국보다 더 많은 시

---

20   교육부 공개용 데이터 '자격종별 교원현황 2020'을 보면 각 분야 전문가 항목은 있지만 대부분 학교에서 각 분야 전문가를 고루 채용하지 못하는 실정이다.

간을 수업과 상담에 할애할 수 있을까? 단지 소문난 좋은 선생님, 혹은 나쁜 선생님을 만난 탓이라고 치부하기에는 아이들이 초중고에서 보내는 시간이 너무도 길고 소중하다. 가정에서도 제대로 돌보지 않는데, 온전히 선생님에 대한 책임으로 전가하는 일은 이제 그만두어야 한다. 가정에서 무엇을 어떻게 해야 하는지 알려달라는 런던과 마닐라에서 만난 흔한 부모들의 당연한 요구가 여기 한국에서는 잘 들리지 않는다.

반나절을 기다려 얻은 3분이라는 짧은 진료시간에 문제가 많다고 말하면서도 매일 학교와 집에서 배움 없이 '대기'만 하고 있는 아이들의 텅 비고 아픈 마음에는 관심이 없다. 가정교육과 학교 교육이 따로 존재하는 것도 우리 교육의 슬픈 현실이다. 이런 현실은 아이를 교육의 중심에 세워놓지 않기 때문이다. 우리 아이들을 중심으로 학교와 가정, 선생님과 부모가 교육의 방향을 함께 잡고 움직여야 한다. 그것이 가능할 때 배움의 길이 더 넓어지고, 새로운 기회와 경험이 주어질 수 있다. 지금은 우리 교육 환경의 전면적인 대전환이 필요한 시간이다. 더 늦출 수 없다. 우리 아이들의 건강한 성장을 위해서 학교와 가정의 협력이 그 어느 때보다 절실하게 필요하다. 그래야 온전히 건강한 주체로 우리 아이를 키워낼 수 있다.

내 아이에서 우리 아이로

서로를 돕고 보듬는 학부모들의 연대가
아이와 학교의 관계를 새롭게 배치할 수 있다.

《요즘 아이들 마음고생의 비밀》(김현수 저)을 보면, 학생들에게 학교
는 "폭파되면 좋은 곳"이다. 또 아이들을 구속하는 괴물 같은, 적응하
기 힘든 수용소 같은 기관이다. 놀랍고 슬픈 현실이다. 만약 여기 아
이들에게 학교를 말하라고 하면 즐거운 곳, 자기를 발견하는 곳, 존재
를 인정받는 곳, 나와 다른 타인을 인정하는 곳, 배움을 주고받는 곳이
다. 특히 아이들에게 학교는 자신을 찾는 실험을 할 수 있는 가장 안
전하고 유일한 장소다. 이런 학교를 폭파시키고 싶다니…. 무엇이 이
런 차이를 만든 것일까? 학교를 놓고 극명하게 다른 시각은 왜 나타
나는 것일까?

나는 그 결정적인 차이가 '연결감'에서 온다고 본다. 이곳에서는 학교
를 중심으로 가정과 이웃, 마을이 함께 자녀들을 기른다. 상호 연결

된 구조이다. 이런 연결된 구조에서 자녀들은 소외될 틈이 없다. 상호돌봄이 이루어지는 교육 환경에서 학교도 아이도 더 나은 방향으로 성장한다.

학교와 집은 아이로 연결되어 있다

원래 좋은 학교는 없다. 토양이 좋다고 늘 풍성한 수확을 얻을 수는 없다. 비옥한 토양을 유지시켜주는 요소와 농부의 노력 등 모든 것이 유기적으로 연결되어야 한다. 따라서 학교도 학생들의 성장이 활발히 이뤄지는 곳이 되기 위해서 노력이 필요하다. 특히 학생을 중심에 놓고 선생님-부모가 유기적이고 상호보완적인 관계를 유지해야 한다. 이곳의 학부모회는 학부모 역할을 명확하게 정의하고 있다. 학교를 도와 배움의 문화와 가정교육의 문화가 잘 연결되게 하는 것이 학부모회의 존재 이유이자 목적이다. 학부모들은 이에 따라 학교 행사에도 적극적으로 참여한다. 이때 주로 가족 단위로 참여하여 자녀가 학교에 더 큰 관심과 애정을 갖도록 유도한다. 이렇게 학교 활동을 통해 친구의 가족이나 이웃과도 연결될 수 있다. 이는 곧 유대와 지지 가능성을 높여준다. 학부모회 주관 행사도 학부모와 자녀, 선생님과 학생 간 유대를 강화하는 커뮤니티 행사가 주축을 이룬다. 덕분에 학생과 그 가족은 학교를 중심으로 아이의 성장과 배움이라는 목표를 공유한다. 이것이 학교 중심의 커뮤니티 문화가 잘 형성되고 유지되는 이유다. '한 아이를 키우려면 온 마을이 필요하다'는 말을 실감할 수 있다.

아쉽게도 한국은 함께 아이를 키운다는 연결감이 부족하다. 일부 학부모는 자녀에 대해 학교에서 알아서 할 거라며 관심을 끄거나 자녀를 학원에 보내는 것으로 자신의 역할을 다했다고 생각한다. 혹은 시시콜콜 과도한 간섭에 나서기도 한다. 이렇게 연결감이 부족한 상황에서 피해자는 학생들이다. 만약 학생이 학교 적응을 제대로 못하거나 친구들과 관계 맺기에 어려움이 생기는 등 문제가 있으면 적시에 적절한 도움을 받기 어렵기 때문이다. 이런 힘든 시간을 학생은 혼자 감당해야 한다. 그렇지 않아도 힘든 시간에 혼자라는 무게가 얼마나 무거울까. 그렇다면 나와 자녀는 학교와 어떤 연결감을 갖고 있을까. 일상에서 자녀와 나누는 대화를 살펴보면 그것을 짐작할 수 있다. 다음의 대화를 살펴보자.

"아들, 학교 잘 다녀왔어? 오늘 어땠어?"
"수학 선생님이 우리랑 같이 운동장을 뛰는 바람에 완전히 지쳤어."
"지난번 선생님 자기소개를 들으니 운동 좋아하신다던데…, 일부러 함께 운동한 거야?"
"완전히 운동광이야. 나랑 거의 비슷하게 뛰어. 진짜 빨라."
"멋지다. 나도 마음은 그러고 싶다. 근데 도저히 몸이 따라주지 않아."
"지은 샘이 엄마랑 나이가 비슷할 텐데? 점심에도 운동장에 나와서 자주 산책하셔. 엄마도 계속 운동해야 해. 알지?"

내가 런던과 마닐라에서 만난 보호자와 자녀의 흔한 대화 모습이다.

보호자가 학교(선생님)에 대한 이해를 가지고 있는 덕분에 대화가 친밀하고 부드럽다. 한국에서는 이런 대화가 흔하지 않다. 많은 부모가 십대 자녀와의 대화가 어려운 이유로 자녀의 태도 문제를 지적한다. 하지만 꼭 그런 것만은 아니다. 여러 이유가 있겠지만, 그중 하나는 연결감의 부족이다. 학교와 친하지 않은 부모가 학교 상황을 이해하고 공감하기는 힘들다. 이런 부모에게 자녀도 굳이 학교 이야기를 꺼내지 않는다. 하루 중 가장 많은 시간을 학교에서 보내는 자녀에게 대화 소재로 학교가 가장 흔할 텐데 말이다.

"일일이 설명하기는 피곤하고, 말해도 엄마는 모르는 소리를 하는 때가 많아요. 그래서 더 할 말이 없어지는 것 같아요."

"엄마가 얘기하자고 하면 긴장부터 돼요. 엄마는 내가 못 하는 것만 말하거든요."

"어차피 말해도 모르니까 그냥 빨리 (대화를) 끝내는 게 낫죠."

엄마가 관심을 보여도 말해주지 않는 자녀의 모습에서 무작정 자녀 태도만 탓할 것은 아니다. 그 바탕에 학교와 관계가 끊어진 엄마, 아빠의 모습이 있기 때문이다. 시간이 걸릴 수도 있지만 이 문제는 충분히 바로잡을 수 있다. 부모가 학교와 연결을 꾀하면 된다. 자녀의 학교생활을 묻고 의견을 나누는 실천이 필요하다. 자녀가 학교에서 어떤 선생님들과 공부하는지, 학교는 어떤 교육철학을 가지고 있는지 등 학교에 대한 관심을 가지고 이해하려는 노력이 필요하다. 사랑하는 자녀가 가장 많은 시간을 보내는 학교에 이 정도의 관심과 애정은 보내야 하지 않을까.

내가 경험한 런던과 마닐라 학교는 선생님과 학부모가 유연한 관계를 맺도록 돕는 접점이 있다. 경험디자인에서는 이를 '터치 포인트'라고 부른다. 이는 행위와 경험이 일어나도록 유도하는 장치를 뜻한다. 이들 학교에서는 교실문, 게시판, 학교신문, 가정통신문, 이메일 등 다양한 터치 포인트를 곳곳에서 만날 수 있다. 예를 들면 학기 초, 교실문에는 선생님에 대한 간단한 소개가 붙어 있고, 각 선생님들은 자신을 소개한 이메일을 발송하기도 한다. 학생과 학부모와 소통하기 위한 것으로 학생은 물론 학부모의 관심을 부른다. 선생님에 대한 정보는 관계의 윤활유가 된다. 학부모 입장에서 어떤 정보도 없는 선생님과 대화하기보다 '부산 출신의 마음부잣집 셋째 딸이자 시 쓰고 길고양이를 입양한' 국어 선생님과 대화를 나누기가 수월한 법이다.

학교는 이처럼 학부모가 학교생활을 이해하도록 다양한 활동을 준비하고, 적극적인 관심을 유도한다. 이는 학부모가 자녀를 더 잘 이해하고, 학교활동에 참여하도록 하기 위해서다. 물론 가장 중요한 것은 학부모의 노력이다. 매일 한 공간에 있는 모두가 친구는 아니듯, 학교와 가정이 서로에게 스며들기 위해서는 시간과 노력이 꼭 필요하다. 다시 말하면, 학부모의 관심과 노력이 자녀와 학교(공부) 관계를 새롭게 배치할 수 있다.

모든 아이는 모두의 아이

"저는 가끔 아이를 보면서 분노해요. 제 모습과 너무 닮았거든요."

"저도 그래요. 제가 가장 싫어하는 모습을 닮았더라고요. 그럴 때 아이를 더 많이 안아주었어요. 저도 그런 점 때문에 힘들었는데, 아이도 그럴 수 있겠다 싶어서요."

"어머, 도움 받을 일이 많을 것 같은데요."

"혼자서는 엄두가 나지 않는 일들도 함께하면 생각보다 수월하더라고요."

여느 때처럼 티모임에 학부모들과 상담선생님이 모여 이야기꽃을 피웠다. 단순한 모임이 아니었다. 비슷한 또래의 자녀를 둔 학부모들의 모임이다. 이들은 자기 자녀만 신경 쓰는 이기적인 부모가 아니다. '모든 아이는 모두의 아이'라는 기치를 갖고 함께 양육하기를 자처한 사람들이다. 나도 겨를 있을 때마다 모두의 엄마가 되기를 자처하는 편이다. 곁에서 지지해주는 선생님들과 이웃들에게 동화된 덕분이다. 내 경험을 주변과 나누고 지지받는 일이 얼마나 중요한지 깨닫게 되면서 자연스레 학부모들과 함께하는 활동을 하게 되었다.

상담선생님도 늘 학부모 연대의 중요성을 강조한다. 연대를 통해 거리를 유지하면서 자녀를 관찰할 수 있기 때문이다. 특히 학부모 연대는 보이지 않는 자녀의 잠재된 가능성까지 볼 수 있게 돕는다. 엄마는 아이의 문제라고 여기는 지점이 다른 사람에게는 매력과 가능성으로 보이기도 한다.

이런 경우가 있었다. 학교에서 마주치는 학부모들은 내가 모르거나 외면했던 레오의 모습을 말해주기도 했다. 레오가 전학 온 친구에게 학교 이곳저곳을 소개하는 등 곁에서 친구를 도와주었다. 그런데 새

친구가 물통을 잃어버려서 레오는 함께 찾느라 체육수업에 지각했다. 이를 놓고 나는 다짜고짜 수업 시간을 지키지 못했다며 레오를 나무랐다. 하지만 내가 전해들은 레오의 이야기는 전혀 달랐다. 레오는 물통을 찾아서 친구 엄마에게 전하면서 수업에 지각하여 혼난 이야기를 들려주었다. 그러면서 친구가 학교 첫날 물통을 잃어버려서 속상했을 거라며, 친구를 혼내지 말아달라고 부탁까지 했단다. 그 엄마는 감동했다며 내게 이야기를 전했다. 수업 시간을 지키지 못했다고 엄마에게 혼난 레오가 친구 엄마에게는 고맙고 사려 깊은 아이가 된 것이다. 이처럼 학부모 연대는 보지 못하거나 몰랐던 자녀에 대한 새로운 관점을 제공했다. 높은 곳에서 중심을 잡는 체육활동을 하며 쩔쩔매는 자녀를 향해 그 엄마가 겁 많은 아이라고 말하면, 학부모 연대는 조심스럽고 신중한 아이라고 봐주었다.

서로의 자녀에게 가능성을 발견해주고, 힘들 때 서로 보듬어주는 학부모 연대의 힘은 자녀뿐 아니라 학부모에게도 꼭 필요하다. 내 아이만 챙겨서 잘 되면 그만이라는 사고방식이 자기 자녀뿐 아니라 이웃과 마을, 사회를 외롭고 아프게 한다. 이웃을 만들고, 관계망을 회복하면 내 아이는 모두의 아이가 될 수 있고, 쉽게 무너지지 않는 힘을 기를 수 있다.

아이의 일상 속 이해관계자

이웃이 함께 아이를 보듬는 기회를 많이 만들어주세요.

아이가 더 넉넉한 마음을 가진 건강한 아이로 자랄 수 있어요.

길게 보아야 예쁘다,
아이도 그렇다

부모의 역할은 자녀를
끝까지 지지하며 기다려주는 것이다.

제이가 다니는 중학교에 수학·영어 고급반이 만들어졌다. 제이는 고급반에 들어가는 시험을 볼 것인지 고민했다. 남편은 은근히 시험을 보라고 부추겼다. 문제는 당시 제이가 수학에 별다른 재미를 느끼지 못했다는 것이다. 제이와 충분히 이야기를 나누지 못한 상태에서 나는 학부모 오리엔테이션에 참석했다. 교장선생님은 고급반에 대하여 이렇게 설명했다.

"만약 자녀가 도전을 부담으로 느끼거나 해당 과목에 흥미가 없으면 이 반에 들어오지 않으면 좋겠어요. 학교는 이 반으로 차별적인 시선을 만들 의도가 없어요. 친구나 부모님 눈치를 보지 않게 해주세요. 이 점을 다시 부탁드립니다. 자녀와 함께 무엇이 자녀를 위한 선택인지 진지하게 대화를 나눠주세요."

실력이 아닌 기질과 흥미를 따져 신중하게 선택하라는 조언이 낯설고 신선했다. 곧 식탁대화가 제안되었고, 자녀에게 득이나 독이 되는 대화를 주제로 이야기를 나눴다. 시험 전후, 아이에게 해도 좋은 말과 하지 않으면 더 좋은 말에 대해 구체적으로 조언해주었다. 요약하면 이러했다.

시험을 앞둔 아이에게 "기대할게" "잘하고 와!" "네 실력을 보여줘" 등은 하지 않는 게 좋다. 또 "넌 해낼 줄 알았어" "대단해" "거봐, 네가 누구 아들/딸인데!" 등과 같은 대화도 자제해달라는 당부가 이어졌다. 즉, 시험 결과만 주목하여 칭찬하지 않도록 주의가 필요하다는 것이었다. 그러자 학부모들이 동요했다. 상당수가 대체 무슨 말을 해야 하는지 어리둥절할 수밖에 없었다. 그동안 해왔던 말의 습관과 너무 달랐기 때문이다.

결과가 아닌 과정에 대한 칭찬

교장선생님은 성공했을 때만 존재를 인정하는 식의 칭찬은 경계해야 한다고 당부했다. 만약 이런 칭찬에 익숙해지면 좋지 않은 결과가 나오거나 실패했을 때 존재를 부정하거나 없어진다고 느낄 수 있다는 이유에서였다. 실수나 실패를 받아들이기 어려워하거나 이에 대해 모멸감을 느끼면 실수나 실패는 성장의 밑거름이 될 수 없다는 의미이기도 했다.

이와 함께 득이 되는 대화에 대해 설명이 이어졌다. 교장선생님은 시험에 합격한 자녀에게 축하한다고 말하되, 감정에 집중하는 질문을 권장했다. 즉, 자녀의 감정을 듣고 공감하면서 부모의 감정을 덧붙이라는 조언이었다. 과정을 떠올리게 하자는 조언 덕분에 좋은 대화의 예시가 즉석에서 만들어졌다. 이런 다양한 표현이 제시되었다.

"네가 기쁘다니 아빠/엄마도 기쁘구나."
"그날 많이 긴장하는 듯 보였는데 어떻게 치렀니?"
"엄마는 떨려서 그렇게 잘 하지 못했을 것 같아. 기분이 좋겠다."
"준비하는 모습을 지켜보면서 네가 열심히 한다고 생각했어."

이런 대화를 자녀와 나눠보지 못한 학부모들에게는 대화 습관을 다시 생각해보는 기회였다. 좋은 대화와 성취·성공의 경험이 자녀가 의지를 다지게 만드는 데 도움이 된다는 사실도 알게 되었다. 고급반 아이들은 일반반에 비해 상대적으로 자신의 한계를 시험하는 문제를 자주 접한다. 그래서 시험 결과가 좋지 않거나 불합격이나 도전에 실패했을 때, 대화 요령이 특히 더 중요하다. 여전히 많은 부모가 이런 대화에도 서툴고, 자녀교육의 중요한 핵심도 놓치고 있다. 우리는 흔히 이런 말을 사용한다.

"평소에 (네가) 공부를 하지 않으니 그럴 줄 알았어."
"그럴 리가 없어. 선생님에게 네가 왜 떨어졌는지 물어봐."

"게임만 하고 휴대폰만 잡고 있더니. 잘~했다."

부모가 자녀에게 흔하게, 또 무심결에 뱉는 말이다. 자녀를 비난하
고 비꼬는 말이 자녀에게 전혀 도움이 되지 않음을 알고 있지만, 많
은 부모가 하지 말아야 말을 쉽게 쏟아낸다. 교장선생님은 이에 대해
서도 말했다.

"실수와 실패가 배움으로 연결되려면 자녀 스스로 문제와 대면하고
생각해보는 시간이 필요해요. 우리는 그 시간을 기다려주어야 합니
다. 그래서 자녀에게 이런 말을 건네는 것이 좋아요. '속상하겠다. 언
제든 준비가 되면 기회는 다시 찾아올 거야'라고요."

힐난이나 비난하지 말고, 그저 곁에 있어주는 게 좋다는 말씀에 고개
를 끄덕이는 사람이 많았다. 부모의 부정적인 대응은 자녀를 실수와
실패에서 멀리 도망치고 싶게 만든다. 따라서 자녀 스스로 문제와 대
면할 수 있도록 기다려주는 것이 좋다는 조언이었다. 언젠가 부모 워
크숍에서 학생들의 다양한 인터뷰가 들어간 다큐멘터리를 함께 시청
한 적이 있다. 이 다큐에는 부모를 향한 아이들의 진짜 속마음이 담
겨 있었다.

"가능하면 그냥 그 자리에서 가만히 계셔주세요"

"그냥 제 이야기를 들어주세요."

"아무 말씀도 하지 말아주세요."

"저도 알아요. 무엇이 문제라는 걸요."

인터뷰에 참여한 학생들의 말이 머리와 가슴에 박혔다. 다시 한 번, 긴 호흡으로 아이를 대해야 한다는 것을 확인했다. 부모의 생각을 적극적으로 표현하기보다 한 발 물러서 잠시 멈추고 귀 기울일 필요가 있다. 아이에게 진정으로 위로와 공감을 전하기 위해서는 곁에서 묵묵하게 말을 듣는 시간이 필요하다.

"부모의 교육 방식에 무조건 맞추기보다는 자녀의 속도를 살피고 기다려주는 것이 훨씬 효과적인 경우가 많아요. 그냥 놔두는 것이 아니라 기다림의 지지를 하는 거예요. 그러니 시험 결과로 아이를 긍정하거나 부정하는 말을 하지 마세요."

어떤 상황에도 변함없이 소중한 존재

교장선생님의 당부가 머릿속을 맴돌았다. 내 언어는 어떠했는지, 내 걱정과 조바심을 담아 아이에게 상처를 준 적은 없는지 되돌아보았다. 사람마다 배우고 익히는 속도가 다르다. 집중하는 방식, 이해하는 방법도 다르다. 하지만 많은 부모가 머리로만 안다고 생각할 뿐, 내가 아는 방법을 자녀가 모르는 것 같아서 조바심을 내고, 자주 훈계조의 말을 건넨다. 그러다보니 부모는 시험 결과만 놓고 자녀의 존재감을 세우거나 깎아내리는 치명적인 실수를 한다.

시험과 상관없이 존재의 소중함은 변함이 없다. 아이가 성적이 잘 나와야만 자랑스러운 자식이 되는 것도 아니다. 어떤 상황에서도 아이를 온전하게 인정해줄 때, 아이는 하나의 존재로서 성장해갈 수 있다.

교장선생님 말씀을 들으며 아이의 존재를 부정하는 언어를 사용하지 않겠다고 다짐했다. 그것이 아이와 부모 사이를 건강하게 연결해줄 뿐 아니라, 아이가 다른 사람과 관계를 맺을 때도 공감과 존중의 밑거름이 되는 것이다.

그날 저녁, 식탁에서 제이와 이야기를 나누었다. 고급반에 가고자 자기를 시험하는 것이 영 내키지 않는다면, 친구들 눈치가 보이거나 부모가 실망할까봐 시험을 보는 것이라면, 하지 않아도 좋다고 말했다. 얼마 후 제이는 시험을 봤다. 그리고 당당하게 떨어졌다. 제이가 "수학은 정말 아닌가 보다"며 멋쩍게 웃었다. 나는 "그랬구나" 하고 웃으며 선생님 말씀을 떠올렸다. 그리고 가만히 제이 곁에 있어주었다.

"나, 수학 공부 방법을 바꿔볼까? 엄마 생각은 어때?"

"방법이 문제가 있다고 생각한 이유가 뭔데? 엄마 생각에는⋯."

옆에서 뒹굴던 레오가 내가 하려던 말을 눈치 채기라도 한 듯 웃으며 말을 가로챘다.

"엄마, 있잖아. 내가 빵점을 맞으면, 안 예쁘겠지?"

"뭐, 엄마가 기쁘지는 않겠지만, 넌 여전히 예쁠 거야."

레오와 제이를 향해 방긋 웃었다. 자세히 보아야 예쁘다. 오래 보아야 사랑스럽다. 우리 아이들도 그렇다.

다시, 학교가 중심이 되어야 한다

학교를 중심으로 가정이 한 팀을 이룰 때,
아이의 배움은 단단하게 익어간다.

구글이 미래 교육 8가지 트렌드를 발표했다. 디지털 책임의식, 컴퓨팅 사고, 협업 교실, 혁신 교육, 생활기술 직업교육, 자기주도 학습, 학교와 보호자의 밀접한 연결, 새로운 기술 활용 등이 그것이다. 구글 리서치 팀에 따르면, 전세계 보호자의 78%는 학교 교육이 '좋다' 또는 '매우 좋다'로 긍정 평가를 내렸다. 또한 25%의 보호자가 매주 7시간 이상 자녀의 숙제를 돕고 있다고 조사되었다. 다만 미국 교사의 70%는 보호자가 자녀교육에 충분히 참여하고 있지 않다고 응답했다.

한국의 교육 상황을 대입하면, 한국의 학부모는 입시 때문이라도 참여율은 높을 것으로 보인다. 하지만 학교와 보호자의 연결과 협력이 학업 성취만을 위한 것이 아님을 고려한다면, 미국의 교사들이 지적한 문제와 다르지 않을 수 있다. 여기서 협력과 참여는 학교와 가정의 자녀교육에 대한 공감대와 실천적 노력을 의미한다. 학교 교육이 아무리 훌륭해도 가정에서 행하는 협력과 실천이 뒷받침되어야 한다는 뜻이다. 구글 미래교육 연구에 참여한 교육심리학자들 역시도 교육은 학교뿐 아니라 가정에 의해서도 좌우된다고 말했다.

학교와 가정의 훈육방법이 다를 때

학교에 레오와 비슷한 학생이 있었다. 주변 학생들 표현을 빌리면, 친구들과 자주 다투는 데다 선생님께 무례한 행동을 하면서 수업을 방해하는 학생이었다. 물론 레오처럼 이유가 있었다. 자신의 마음을 읽고 표현하는 데 서툴렀던 것이다. 그 학생 보호자도 우리 가족과 같은 상담을 받았지만, 얼마 지나지 않아 그 상담을 거부했다. 같은 주거단지에서 살고 있던 터라, 이따금 자녀에게 무섭게 소리치는 보호자의 모습은 나에게도 익숙했다. 어느 날, 상담실을 나오다가 복도에서 그 학생의 아빠와 마주친 적이 있다. 그 아빠의 감정은 몹시 격앙되어 있었다.

"상담선생님이 말하는 방법에 대해 어떻게 생각해요? 언제 뭐가 달라진다는 겁니까? 내 방식대로 할 테니 이제 그만하려고요. 아이가 막내인데, 다른 아이들은 문제가 없어요. 내 교육 방식에 문제가 있었다면 다른 아이들도 이상해야 맞는 거죠. 어떻게 생각해요?"

내 생각을 듣고자 건넨 질문이 아니었다. 그는 가정에서 자녀를 교육하는 방식에 문제가 있을 수 있다는 상담선생님 말씀에 큰 상처를 받은 듯했다. 마치 크게 기대했다가 예상치 못하게 형편없는 성적표라도 받은 사람처럼 당혹해하면서 잔뜩 화가 나 있었다.

상담은 부모의 훈육방식 평가가 아니지만, 보호자는 시험대에 오른 양 부담스럽고 힘들 수 있다. 학교는 다른 훈육방식에 대해 지속적인 상담과 워크숍 참여를 제안했지만 그 보호자는 거부했다. 도움도 거부하면 무용지물이다. 해당 학생은 학교에서 존중과 배려가 있는 교육을 받아도 집에서는 이런 가르침이 없었을 뿐더러 실천할 수도 없었다. 당연히 학교와 가정의 협력이 일어나지도 않았고, 교육 방향이 달라서 문제가 쉽게 해결되지 않았다.

사실 집에서 보는 자녀와 학교에서 자녀 모습은 상당히 다른 경우가 많다. 하지만 어디서든 배움이 같은 방향성을 갖는 것은 매우 중요하다. 가정이나 학교 혼자서는 한계가 있다. 특히 레오처럼 전문가의 도움이 필요한 경우는 더욱 그렇다. 상담선생님은 학생을 위해 학교와 가정이 함께 해보자며 손을 내밀었지만, 부모가 더 이상의 개입을 원하지 않았다.

가정과 학교는 상호보완적 관계

레오의 상담선생님은 원래 교과 담당 선생님이었다. 학생들 이야기를 듣고, 관계 문제를 돕는 과정에서 치유사의 길로 들어섰다. 방향을 선회한 이유가 있었다. 학급 담임을 맡고 있을 때, 거친 행동과 언어를 쓰는 학생들에게 건강한 언어 사용법을 알려주면 달라지는 듯 보였지만, 얼마 지나지 않아 예전 모습으로 돌아오는 경우가 많았다. 특히 연휴나 방학 뒤에는 이전 상태로 돌아오는 경우가 더 많았다. 심지어 상태가 더욱 심각해지는 경우도 있었다.

학교가 학부모와 상담 등을 통해 그 원인을 찾았다. 부모의 말과 행동이 가장 큰 문제였다. 학생을 둘러싼 주위 환경, 특히 가족이 공유하는 언어가 학생의 말과 행동에 밀접하게 관련되어 있었다. 상담선생님들은 경험을 통해 학교와 가정은 상호보완적이며 협력하는 관계여야 한다는 것을 깊이 깨달았다고 한다. 학교에서 좋은 표현을 알려주고 건강한 말과 행동에 대한 교육이 이루어져도 가족 간 언어나 행동이 건강하지 않으면 학교 교육은 흔들리기 마련이다. 상담선생님은 가족 언어가 오랜 시간 몸과 마음에 배어 있음을 깨닫고, 그 언어를 형성하는 가족 내 의식과 가치에 집중했다. 그리고 학교와 가정이 배움의 가치를 공유하고 협력하면 자녀의 상황이 좀 더 나아진다는 것을 더욱 더 확신하게 되었다.

말과 행동이 다르다는 사실 뒤에는 학교가 지향하는 가치에 대해 각기 다른 입장들이 숨어 있다. 특히 다양한 국적의 학생들이 모인 학교에서는 문화적 배경과 신념이 다를 수밖에 없다. 이에 학교는 지속적인 상담과 교육 프로그램 등을 통해 의견을 공유하고 절충하는 기회를 마련하고 있다. 학교와 가정 사이에 견해 차이를 줄이면서 서로에게 가까워지는 지점을 만들기 위함이다. 이런 측면에서 학교에서 제공하는 부모 교육이나 워크숍은 좋은 기회다. 부모와 선생님이 함께 상황을 공유하고 머리를 맞대면서 공감의 지점은 넓어지고, 실천을 위한 동기가 주어진다. 이러한 노력은 곳곳에서 조금씩 의미 있는 변화를 이끌어낸다.

교육의 맥락을 학교와 학생 중심으로

이처럼 런던과 마닐라의 학교는 교육철학과 방향을 가정과 공유하고자 이에 맞는 다양한 실천 방법을 소개한다. 교육 방향과 양육 방향을 맞춰가면서 학교와 가정은 아이를 위한 한 팀으로 변신한다. 아이의 배움과 성장이 일관성 있게 일어날 수 있는 기반이 마련되는 것이다. 우리 교육도 학교를 중심으로 가정이 손을 맞잡고 나가야 한다. 학교라는 텃밭에서 자녀가 꿈과 희망의 싹을 틔우고, 가정은 충분한 영양을 공급해주는 것이다.

현재의 교육체제와 구조를 쉬이 바꿀 수 없다면, 맥락을 바꾸어 변화를 기대할 수 있다. 현재 우리 교육의 맥락은 학원 중심, 부모 중심이다. 이를 학교 중심, 학생 중심으로 바꿔나가야 한다. 교육의 다양한 주체 가운데 핵심은 '학생'이다. 교육을 배움으로 바꿔서 주도권을 학생에게 주어야 한다. 이들이 성취해야 할 목표는 점수와 입시가 아니라 배움과 성장이다. 배움을 중심에 놓으면 학교와 수업을 다시 설계할 수 있다. 실제로 우리나라의 많은 수업의 현장에서 아이들을 위한 새로운 시도들이 일어나고 있다. 가치 중심의 성장을 고민하는 선생님들 덕분이다. 아이들을 위한 실천 경제교육, 비판적인 사고를 키우는 뉴스 교육, 스토리텔링 연극 교육, 사진으로 자아를 찾아가는 시각

교육 등 교과서에 담겨 있지 않은 내용을 수업에서 다룬다. 어떤 부모님들은 이런 새로운 수업에 불만을 표시한다. 그저 아이들을 놀게 만드는 대수롭지 않은 배움 정도로 여기거나, 차라리 자습을 시키라는 요구도 서슴지 않는다. 입시에 도움이 되지 않는다고 생각해서다. 아이를 위한 배움의 가치가 공유되지 않으면 이런 일은 더욱 빈번해진다. 먼저 각자의 자리에서 아이를 위한 고민의 형태와 방식이 다르다는 사실을 기억해야 한다. 그리고 평가하고 비판하기 전에 서로 소통하는 노력이 필요하다.

많은 교육전문가들이 배움을 위한 모든 과정에서 학생이 소외되지 않도록 설계할 것을 권한다. 가정에서도 예외가 아니다. 이를 통해서만 유의미한 배움을 만들 수 있기 때문이다. 특히 학교와 가정이 돈독한 관계를 맺고, 서로 도와야만 가능한 일이다. 상호존중과 상호의존을 통해 상호보완의 관계를 만들어갈 수 있다.

아이가 주체가 되는 배움의 현장으로

이제부터 아이를 중심에 놓고 서로에게 삼투하면서 배움과 성장을 위한 최선의 경험과 선택을 함께 찾는 과정을 찾으면 어떨까. 이제 우리는 충분히 다른 체계를 만들 수 있다. 입시가 아닌 아이 중심의 배움으로 방향타를 틀어보는 것이다. 학교는 아이가 스스로 성장의 중심이 되고, 삶의 주인공으로 자라는 무대가 될 수 있다. 이런 배움이라면 수업도 즐겁지 않을 수 없다. 학교는 아이들에게 괴물 같고 수용소 같은 폭파되면 좋은 곳이 아니라, 스스로 도전하고 실험하게 만드는 행복한 놀이터가 될 수 있다. 이토록 즐거운 수업이라면, 이토록 행복한 학교라면 배움의 맛이 꿀처럼 달콤할 것이다.

우리 아이 애착학교 만들기

학교가기 싫다는 아이들과 이야기를 해보면 친구들과의 문제가 있거나, 혼자 힘으로 해결할 수 없다고 생각하는 등의 어려움을 호소한다. 그런데 아이가 가진 다양한 관계 문제를 해결했는데도 여전히 학교를 재미없다고 느끼는 아이들이 꽤 많다. 바로 애착 때문이다.

"아이가 학교를 싫어한다면 그 이유부터 찾아야죠. 아이들에게는 반드시 이유가 있어요. 주변에서 문제를 해결해 주어도 이 아이의 경우처럼 정말로 학교가 재미없어서라고 한다면 이제부터 재미를 붙일 수 있게 더욱 특별한 애착을 만들어 주어야죠."

학교에 가기 싫다는 지인분의 아이에 대해 함께 상담하러갔다가 상담선생님께 들은 조언이다. 지인의 아이는 학교에 애착이 없었다. 내성적이고 매우 소극적인 아이라 친구들과의 관계도 소원하고 선생님과는 거의 대화를 나누려고 하지 않았다. 재미를 붙일 수 없는 것이 당연했다. 아이와 학교와 연결되게 만드는 일은 부모가 해야 할 최소한의 역할이다.

대화를 중심으로 아이와 부모가 정보를 교환하면서 아이의 관심을 친구, 선생님, 특별활동, 수업경험 등 다양한 측면으로 확장시킬 필요가 있다. 이러한 대화가 아이에게 학교에 대한 관심과 호기심을 불러일으킬 수 있으며 점차 마음을 열고 애착을 갖는 새로운 통로가 되어줄 수 있기 때문이다. '그냥 다니는 학교'는 말 그대로 아이를 더 수동적인 학생으로 만드는 반면, 아이들을 능동적인 학생으로 만드는 곳은 '즐겁고 신이 나서 다니는 학교'가 된다.

우리는 자녀의 학교에 대해 얼마나 알고 있을까?
양육자 또는 부모가 각각 우리 아이의 학교생활에 대해 알고 있는 것을 꼼꼼히 기록해보자.

자녀의 학교에 대해 알고 있는 것들

1. 우선, 우리 아이와 가까운 학교 친구 세 명은 누구이며, 어떤 매력을 가진 아이들인가?

   1) ....

   2) ....

   3) ....

2. 우리 아이의 담임선생님은 어떤 분인가? 이름, 연령대, 취미, 가족 등 내가 알고 있는 정보는 무엇일까?

   ....

   ....

   ....

3. 아이가 가장 좋아하는 과목과 선생님은 누구이며, 그 이유는 무엇인가?

   과목 :   선생님 :

   ....

   ....

4. 학교에서 우리 아이가 즐겨하는/했던 실내외 활동이나 행사는 무엇인가? 그리고 그 활동이나 행사를 특별히 좋아하는/했던 이유는 무엇인가?

   좋아하는/했던 활동,행사 :

   ....

   ....

이.잼.수. 그리고 못다한 이야기

#이잼수 일.상.적.용. 워크숍

1. 아이들의 마음과 경험 읽기
   '알아차림의 기술'

2. 우리 가족의 삶은 안녕할까?
   '밸런스 찾기'

3. 건강한 관계맺기를 돕는 비폭력 대화
   '아이와 어떻게 말할까?'

4. 서로의 마음이 더 지치기 전에 어떻게 스스로 돌아보고 생각과 행동을 조절할까?
   '아이와 부모를 위한 자기조절지도'

5. 서로의 마음을 보호하는 '거리두기'란 무엇일까?
   '부모와 아이를 위한 건강한 몸 사용법'

이잼수에서 하는 이야기들에 대해
깊이 공감하고 있지만 실천하기 어렵다고
생각하는 분들을 위한 워크숍 프로그램

웹사이트와 온/오프라인 워크숍을 통해 경험디자이너인 저자와 만나세요.

엄마의 마음, 선생님의 마음, 아이들의 마음을 담아

저자 강연 및 다양한 워크숍 프로그램이 준비되어 있습니다.

이.잼.수 저자강연 및 워크숍 관련 문의

이잼수 공식 웹사이트
visible-edu.com

(주)비저블엑스   마음책방 서가는

웹사이트 visible-ex.com   이메일   houseinmind@gmail.com

이토록 재미있는 수업이라면

초판 1쇄 인쇄 2021년 10월 15일
초판 1쇄 발행 2021년 10월 22일

지은이 임지선

펴낸이 성미옥
펴낸곳 생각속의집

출판등록 2010년 5월 18일 (제300-2010-66호)
주소 서울시 종로구 혜화동 53-9, 1층
전화 (02)318-6818 | **팩스** (02)318-6613

전자우편 houseinmind@gmail.com
블로그 naver.com/houseinmind
페이스북 facebook.com/healingcafe
인스타그램 instagram.com/houseinmind

ISBN 979-11-86118-57-3 03370